ANALÍTICA DO SENTIDO
*Uma aproximação e interpretação
do real de orientação fenomenológica*

Dulce Mára Critelli

ANALÍTICA DO SENTIDO
Uma aproximação e interpretação
do real de orientação fenomenológica

editora brasiliense

Copyright © by Dulce Mára Critelli, 2006
Nenhuma parte desta publicação pode ser gravada, armazenada em sistemas eletrônicos, fotocopiada, reproduzida por meios mecânicos ou outros quaisquer sem autorização prévia da editora.

ISBN: 978-85-11-00091-7
Primeira edição, 1996
2ª edição, 1994

Diretora e editorial: *Maria Teresa B. de Lima*
Editor: *Max Welcman*
Capa: *Luciano Rocha*
Revisão: *Bia Mendes*

Dados Internacionais de Catalogação na Publicação (CIP)
(Câmara Brasileira do Livro, SP, Brasil)

Critelli, Dulce Mára
Analítica do sentido : uma aproximação e
Interpretação do real de orientação fenomenológica
Dulce Mára Critelli. - - 2. Ed. -- São Paulo : Brasiliense, 2006

Bibliografia

1. Fenomenologia I. Título.

06-3407   CDD-124.7

Índices para catálogo sistemático:
1. Fenomenologia : Filosofia 124.7

editora brasiliense ltda.
Rua Antônio de Barros, 1839 - Tatuapé
CEP 03401-001 - São Paulo – SP
www.editorabrasiliense.com.br

SUMÁRIO

Introdução 07
I. A Respeito da Fenomenologia 11
Angústia e Pensamento 17
II. Sobre a Investigação 27
A respeito da prévia compreensão de ser da metafísica ...34
A respeito da prévia compreensão fenomenológica de ser .42
III. O movimento fenomênico e o fenômeno 55
O movimento circular do aparecer 57
O aparecer dos entes 58
A coexistência (o ser-com-os-outros) como modo fundamental do aparecer 69

IV. O movimento de realização e a realidade 73
O movimento de realização 75
Do desvelamento 76
Da revelação 81

Do testemunho 84
Da veracização 93
Da autenticação 99
A Realização do Real, a Construção do Mundo e a História 111

V. O movimento de objetivação e a objetividade 115
A objetividade das coisas e a singularidade do humano ..125

VI. O real e o sentido: os modos de ser 131

Conclusão 143
Analítica do Sentido 143
  O caminho e o panorama da Analítica do Sentido 146
  O olhar que interroga 148
  Onde o "visto" se conserva 150

Bibliografia 153

Sobre a autora 155

Publicações 157

INTRODUÇÃO

Nas ocasiões em que estive falando a respeito da fenomenologia, especialmente a públicos formados por educadores, cientistas e assistentes sociais, profissionais das áreas de saúde, psicólogos sociais e afins, sempre alguém solicitava uma bibliografia que configurasse sistematicamente um método fenomenológico de pesquisa. Frustrei muita gente, pois tal metodologia não se encontra senão diluída nas obras dos fenomenólogos. Merleau-Ponty, Ricoeur, Heidegger, o próprio Husserl, entre outros, fazem, por assim dizer, fenomenologia. Pensam fenomenologicamente, mas nenhum deles escreve sobre *como fazem* isso. É preciso muita leitura das obras desses pensadores para se "pegar o jeito" do raciocínio fenomenológico; algo parecido com aprender a andar de bicicleta.

A questão maior é que a fenomenologia não nasceu como um método, tal como as ciências e técnicas modernas o supõem (como rigorosa prescrição de procedimentos e instrumentais), mas, *grosso modo*: como um questionamento da dissolução da filosofia no modo científico de pensar; da lógica inerente às ciências modernas; como crítica à metodologia de conhecimento científico que rejeita do âmbito do real e do próprio conhecimento tudo aquilo que não possa estar subordinado à sua estrita noção de verdade, de sujeito cognoscente e de objeto cognoscível. Assim, a fenomenologia foi se constituindo como crítica à ciência (mais especificamente à metafísica, considerada como a postura epistemológica que a fundamenta) e, conseqüentemente, também à técnica moderna.

A crítica destas questões não consiste, evidentemente, apenas em formulações negativas, mas na formulação de outros modos de se compreender tudo o que existe e que já tinha sido significado pelo olhar metafísico, tal como as noções de homem, mundo, corpo, percepção, história...

Esta discussão chega às últimas conseqüências, parece-me, com Martin Heidegger, em sua obra fundamental *Ser e Tempo*. Nela, através de uma desconstrução do arcabouço do saber metafísico, conseqüentemente de sua ontologia, uma outra ontologia, que podemos chamar de fenomenológica, foi se esboçando. A própria noção de ser (aquela da qual todas as demais se originam e na qual se baseiam) é posta em questão, e pela primeira vez desde sua postulação inicial por Platão e Aristóteles.

Desta feita, antes de detalhar um método, a fenomenologia produziu uma nova ontologia. Somente nos familiarizando e compreendendo essa ontologia, isto é, somente começando a entrar em contato com outros significados para homem, mundo, pensamento, ser, verdade, tempo, espaço etc., para além daqueles que nos foram legados pela nossa tradição ocidental metafísica, é que podemos começar a entender a possibilidade de um jeito fenomenológico de compreender o mundo.

O leitor vai encontrar, nas páginas deste trabalho, a tentativa de dar visibilidade a uma via de conhecimento fundamentada na episteme fenomenológica. Começo por uma apresentação de como entendo a fenomenologia, o que ela inaugura para o saber humano e para nossa época civilizacional, a discussão essencial sobre a questão de ser e, finalmente, o que me parece ser o perfilamento do *modo fenomenológico de ver, compreender e dizer*, isto é, seu caminho de conhecimento. O contraponto à postura, à ótica, ao comportamento metafísico de nossa tradição ocidental de pensar e ser será mantido desde o princípio até o fim do texto, com o especifico objetivo de dar visibilidade à diferença epistemológica introduzida pela fenomenologia. Em nenhum momento tenho a pretensão (e a insensatez) de estar propondo o banimento da metafísica e das suas manifestações modernas, entre elas, a ciência e a tecnologia.

Por me embasar neste estudo especialmente no pensamento de Martin Heidegger e de Hannah Arendt, o mais correto seria referir-me à Fenomenologia Existencial ou mesmo à Filosofia da Existência (segundo a indicação da própria Arendt) e não usar genericamente a expressão Fenomenologia, mais pertinente ao pensamento de Husserl. Mas a recorrência ao simples termo Fenomenologia é proposital, uma vez que quero chamar a atenção do leitor, o tempo todo, para esta determinação mais básica desse pensamento, que é a de dirigir-se para o real identificando nele seu caráter de *fenômeno* e não de *objeto*, como o faz o que aqui nomeamos por metafísica.

Retirando inspiração e orientação do pensamento desses dois mencionados filósofos, vou empreendendo minhas próprias reflexões e propostas. O texto que segue, inclusive, foi resultado de uma disciplina que ministrei no curso de Pós-Graduação em Filosofia na PUC-SP, no segundo semestre de 1993.

Seria eu, desta feita, leviana e irresponsável se atribuísse a Heidegger e a Arendt a autoria do que exponho aqui, deste recorte de suas obras e do caminho metodológico que esboço e sugiro. Mas seria desonesto não atribuir a eles a autoria de todo esse repertório que fundamentou e nutriu tudo o que trato aqui.

Por esta razão, não vou nomear o caminho de conhecimento que delineio com a expressão Daseinsanalyse, retirando-a de Heidegger; nem mesmo vou ousar definir este estudo como a única articulação metodológica possível desde a fenomenologia. Chamo ao que aqui esboço de *Analítica do Sentido*. Estas ressalvas permitem que os desacertos encontrados nesta proposta sejam atribuídos a mim, exclusivamente.

A RESPEITO DA FENOMENOLOGIA

Uma discussão a respeito do método de conhecimento reproduz, inevitavelmente, a discussão de duas questões filosóficas primeiras e originárias: *o ser e a verdade*. A interrogação básica desta discussão é o interesse em se saber e delimitar, entre outros, o melhor caminho, o ângulo mais adequado, a forma mais plausível de se captar e expressar, *verdadeiramente, o que são e como são* as coisas.

Tratar, portanto, da questão de um *método fenomenológico de conhecimento* é, necessariamente, reestabelecer tal discussão. Porém, desde uma maneira específica, a saber, debatendo-se diretamente com (ou contra) o modo tradicional do pensamento do Ocidente (que Heidegger identifica como *metafísica* e cujas manifestações modernas mais imediatamente reconhecíveis são a ciência e a tecnologia) a respeito de como se interpretam o ser das coisas, sua *verdade* e, também, os *modos* escolhidos para perscrutar, delimitar e expressar esse ser e essa verdade.

A abordagem desta problemática pela fenomenologia sugere a colocação em cena, de forma ineludível, de um ponto de tensão para o discurso tradicional metafísico relativo ao conhecimento: o problema da *perspectiva*. Ponto de tensão, porque a questão da perspectiva no conhecimento invoca, necessariamente, o caráter de provisoriedade, mutabilidade e relatividade da verdade, e o eixo do pensamento metafísico pressupõe que a verdade seja una, estável e absoluta, bem como a via de acesso a ela.

Compreendo que, ao discutir o *ponto de vista da metafísica* sobre o ser e a verdade, a fenomenologia não visa, de modo algum, recair no mesmo círculo vicioso em que a discussão epistemológica empreendida pela nossa civilização permanece enredada, o da crença e da busca de uma única via de acesso ao ser dos entes e à sua verdade. Não me parece haver a intenção, simplória que seria, de se substituir o ponto de vista metafísico por um outro, uma verdade única por outra. A crítica enveda por sendas diversas, compreendendo esta determinação da perspectiva metafísica como um limite e não como uma inverdade.

Não se trata, portanto, de provar o quão errada é a perspectiva da metafísica, mas o quão única e absoluta ela não é. Trata-se de uma ruptura da reificação da metafísica, de uma superação do equívoco sobre a soberania de sua perspectiva.

A fenomenologia fala do *limite* de uma perspectiva epistêmica sem fazer sua equivalência à noção tradicional de erro, nem formular uma condenação. A interpretação fenomenológica não expressa senão o que, sob seu ponto de vista, não é mais que o óbvio, no caso: *um* ponto de vista é apenas um ponto de vista; *uma* perspectiva é apenas uma perspectiva entre outras. E é como uma perspectiva relativa e provisória que a fenomenologia mesma se auto-compreende.

No entanto, o que pode parecer óbvio para o pensar fenomenológico certamente não o é para a concepção geral, sobretudo se rememorarmos a problemática história da estruturação e desenvolvimento do pensamento ocidental. Parece que, ao longo e depois de dois mil e quatrocentos anos em que a questão do conhecimento se instaurou para nossa civilização, permanecemos ainda na discussão a respeito dos critérios pelos quais uma perspectiva pode ser considerada verdadeira. Mantemo-nos, assim, na incessante retomada do original embate entre a *verdade e a opinião*, mais peculiarmente expresso desde a modernidade, por exemplo, pela distinção entre *saber científico e senso comum*. Em todo caso, depois de Platão ter instituído o conceito (uno, eterno, incorruptível) como o lugar de manifestação da verdade de tudo o que é; depois de Aristóteles ter estabelecido que ao intelecto pertence esta função de conhecimento; e depois de Descartes ter modulado este intelecto como Cogito (cujo único procedimento aceitável é o do cálculo e do controle lógico-científico da realidade engessada na forma de objeto empírico), parece-me que o Ocidente moderno aceitou esta via como a única perspectiva adequada, viável e válida para a aproximação entre homem e mundo, para seu saber a respeito de tudo com que se depara, inclusive ele mesmo.

Não consigo distinguir, ao longo do pensamento metafísico e seus resultantes, nada que não denote senão a aceitação tácita e axiomática de que a verdade é una e imutável, além da prévia compreensão de que só há, de fato, uma perspectiva reconhecida e confiável para a compreensão da verdade do real. Esta unicidade da verdade e a absolutidade da perspectiva são, como já dissemos, segundo a compreensão fenomenológica, vistas como equívocas.

A fenomenologia põe em questão exatamente esta espécie de crença metafísica na unicidade da verdade e na busca de uma perceptiva de conhecimento que seja absoluta. Em conseqüência, põe em questão a redefinição do que é, efetivamente, uma perspectiva epistêmica, de que se trata, o que a compõe. O pressuposto de que parte a fenomenologia, nesta discussão, é o de que a perspectiva do conhecer e a verdade que este alcança não podem, senão, ser relativas.

O reconhecimento da *relatividade da perspectiva* é, simultânea e necessariamente, o reconhecimento da *relatividade da verdade*.

A dificuldade da episteme metafísica em aceitar a relatividade da perspectiva e da verdade, levando-a a negá-las, está já na origem mesma de seu nascimento: a perplexidade diante da aparição, da mutabilidade e da degeneração dos entes sensíveis (Platão); e a insegurança emergente diante da descoberta dos sofistas de que, sendo o ser dos entes inefável, as coisas são o que se "bem" diz que elas são (oratória). A negação da relatividade da perspectiva e da verdade é aquilo mesmo que a constitui, a episteme metafísica.

Do ponto de vista fenomenológico, a relatividade da perceptiva do saber e da verdade do ser abre-se como ponto inseguro, mas próprio do existir (ser). Contrariamente, a tentativa empreendida para a superação desta insegurança é o que instaura o modo do pensar (metafísico) ocidental.

Descartes requisita claramente a procura de um ponto de segurança para o pensar: um ponto fora do mundo, como o de Arquimedes, para, desde a exterioridade e a distância, poder olhar o mundo, a existência e o que deles faz parte. Um ponto fora do mundo que "ex-tranhe" o homem de suas situações de vivência, de suas sensações e sentimentos; um ponto que possa retirar o homem das condições mais básicas de sua humanidade. E é aí, num suposto ponto em que o homem se alocaria fora de si mesmo, que Descartes instala o Cogito – um poder humano, embora sem humanidade, equívoco quanto à sua soberania e sua independência em relação às condições ontológicas plenas do homem.

A segurança buscada ao longo da história da episteme ocidental baseou-se na dúvida de si mesmo que o homem estabeleceu, lançando para fora de si mesmo (de sua ontologia, ou das condições nas quais a vida lhe é dada) a possibilidade de qualquer domínio da realidade. Inclusive de suas idéias. Somente a *precisão metodológica do conceito* (que pela crítica heideggeriana podemos ver sob o termo *representação*) garante ao conhecimento humano sua imutabilidade, unicidade e absolutidade.

Assim, para o pensar metafísico, toda possibilidade de

um conhecimento válido e fidedigno é garantida pela construção de conceitos logicamente parametrados e de uma privação da intimidade entre os homens e seu mundo, isto é, entre os homens e a experiência que têm de seu mundo. Ora, um tal conhecimento é tão-somente a articulação de *uma* alternativa de aproximação do real, ainda que devidamente planejada e estruturada. Mas nem por isso seria a única afiançável. A insegurança ou a fluidez do aparecer dos entes e das possibilidades de apreender e expressar seu ser não são, por si sós, indicativas da falsidade de uma perspectiva, nem da irrealidade de um ente qualquer. Também não indicam, como queriam os sofistas, a inefabilidade do ser dos entes.

A fenomenologia não compreende essa insegurança ou essa fluidez do aparecer dos entes e de sua interpretação como sendo uma falha do mostrar-se dos entes, nem como um defeito do pensar. Contrariamente à interpretação metafísica, estes aspectos do ser são, para o olhar fenomenológico, os modos constitutivos e originários do mostrar-se dos entes e do pensar.

Assim, da mesma forma como o que institui a metafísica é seu empenho em superar a fluidez do mundo e do pensar (conseqüentemente do existir) para possibilitar o *conhecimento*, a fenomenologia só compreende a possibilidade do conhecimento através da aceitação desta mesma fluidez.

Para a metafísica, o *conhecimento* é resultado de uma superação da insegurança do existir. Para a fenomenologia, é exatamente a aceitação dessa insegurança que permite o conhecimento.

Com isto podemos afirmar, *grosso modo* e como veremos adiante, que, enquanto a metafísica instaura a possibilidade do conhecimento sobre a segurança da *precisão metodológica do conceito*, a fenomenologia o instaura sobre a *angústia*. Enquanto a metafísica reconhece a possibilidade do conhecimento fundada na relação entre o sujeito epistêmico e seu objeto, tomando-o como resultante de uma produção humana – *a representação* –, a fenomenologia funda tal possibilidade na própria *ontologia* humana – ela é uma das condições em que a vida é dada ao homem. Enquanto a metafísica fala de forma lógica do ser, a fenomenologia fala dos modos infindáveis de se ser.

Desta maneira, a *relatividade* não é vista pela fenomenologia como um problema a ser superado, mas como uma condição que os entes têm de se manifestarem: no horizonte do tempo e não do intelecto, e em seu incessante movimento de mostar-se e ocultar-se. A relatividade diz respeito à provisoriedade das condições em que tudo o que é vem a ser e permanece sendo. Embora vendo na verdade única e absoluta a garantia da superação da relatividade e da insegurança própria do ser (existir), a postura metafísica do pensar, como se pode ver, não realizou outra coisa senão a demarcação de uma relatividade. O que resulta da interpretação metafísica é o que é possível ver, compreender e expressar apenas desde o ponto de vista em que ela está alocada.

No entanto, a questão do ser e da verdade, que aqui dimensionamos como uma questão epistemológica, Heidegger a explicita como uma questão mais fundante, como uma questão efetivamente existencial. Não é somente um *modo de pensar* com que a metafísica instrui o homem ocidental, mas um *modo de ser no mundo*; um modo de habitar o mundo, de instalar-se nele, de conduzir sua vida e a dos outros homens com quem convive de forma próxima ou distante.

Através de Heidegger, o questionamento da metafísica como uma rediscussão sobre a questão do ser e da verdade sai do espaço estrito da crítica epistemológica e se expande para uma crítica civilizacional. Através de uma critica do pensamento, aquilo que pela fenomenologia (existencial) se põe em questão é o próprio modo de ser do homem ocidental, sua problematicidade e a busca de resoluções para essa questão de ser, de existir, que jamais cessará de ser litigiosa para o homem enquanto ele viver.[1]

---

1 – Veja-se, sobre a questão, Heidegger ([1966] 1972) e ([1957a] 1960).

A fenomenologia, pois, não trata da questão cognitiva senão sob o prisma existencial. Ou melhor, subordina a possibilidade do conhecimento às possibilidades existenciais; o pensar se estabelece sobre o ser, evidenciando-o. Assim, a tarefa de se pensar a possibilidade de uma metodologia fenomenológica de conhecimento é, em última instância, uma reflexão sobre o modo humano de ser-no-mundo, inclusive tal como desdobrado na tradição da civilização ocidental.

Mais do que ponderar a respeito de instrumentais, o delineamento de uma metodologia de investigação e análise fundada na fenomenologia deverá cuidar do talhamento de um olhar. Ao mesmo tempo que intenta moldá-lo, deverá ir despindo-o de um hábito desde há muito invisível.

Angústia e Pensamento

Céu e terra pertencem-se mutuamente, e todos os elementos da natureza, à medida que aparecem revelados e abrigados nessa pertença, também dela compartilham. No caso do homem, esse modo de pertença em que se cria uma inexorável integração é impossível; a vida humana está em perpétuo deslocamento. Viver como homens é jamais alcançar qualquer fixidez.

Do ponto de vista ontológico, ou seja, das condições em que a vida é dada ao homem, isso quer dizer que habitamos um mundo que nos é inóspito. O mundo não consegue nos abrigar e acolher da mesma maneira como faz com os elementos naturais. Mesmo o mundo artificial que criamos sobre o mundo natural para, assim, podermos morar nele não nos oferece garantias de fixação. Ser-no-mundo como homens é habitar esta e nesta inospitalidade.

Apesar dessa não-pertença ao mundo (natural ou artificial), no mais das vezes, ser compreendida por nós como a experiência de um desabrigo e de um desamparo que se quer a todo custo superar, ela é a condição de liberdade do próprio homem. A ontológica inospitalidade do mundo e a ontológica liberdade humana são elementos coestruturais do existir.

É próprio do humano não poder ser totalmente engolfado, ou melhor, consumado por esse mundo em que vive, nem por coisa alguma que ele pense, sinta ou produza. As idéias mudam, assim como mudam as sensações, as emoções, as perspectivas, os interesses, as lembranças... Mudam os modos de relação que os homens mantêm com as coisas, com os outros, consigo mesmos.

De geração para geração, de época histórica para época histórica, de cultura para cultura, de uma sociedade para outra vemos as coisas, por exemplo, mudarem seu significado e utilidade, mudarem seu ser. Vistas como meras coisas, elas continuam presentes e referenciáveis em sua mesmidade tangível, mas seu significado e o sentido que fazem em nossa existência se alteram.

Embora o ser de tudo o que existe torne-se plenamente manifesto quando expresso em algum conceito, idéia ou juízo, ambos nunca se fundem definitivamente. Na enunciação de algo, está sempre presente a muda compreensão de uma espécie de vácuo perene entre um ente e o que se diz que ele é. As representações abrigam e expressam as coisas em sua manifestação apenas provisoriamente. Portanto, ao contrário da ilusão de uma perfeita co-pertença, as representações são elas mesmas sempre inóspitas ao ser dos entes.

O ser das coisas (o que são, como são) não está consumado na sua conceituação, mas também não está incrustado nas próprias coisas, ensimesmadas. Está no lidar dos homens com elas e no falar, entre si, dessas coisas e dos modos de se lidar com elas. Está entre os homens e as coisas; está numa trama de significados que os homens vão tecendo entre si mesmos e através da qual vão se referindo e lidando com as coisas e com tudo o que há.

Os homens não se dirigem direta e simplesmente às coisas em sua mera presentidade, mas mediados por essa trama de significados em que as coisas vão podendo aparecer. Quando as coisas mudam, é porque mudaram nossas idéias a seu respeito, mudou a serventia que tinham para nós, nosso interesse por elas, nossos modos de nos referirmos a nós mesmos e uns aos outros.

Quando as representações não podem mais reter e expressar as coisas em seu ser e as coisas mesmas não são mais que meras coisas, insignificativas, o que se evadiu, através delas, foi o sentido que ser (existir) tinha para nós.

Evadindo-se o sentido que ser faz para nós, é que o mundo pode se manifestar em sua inospitalidade. E a inospitalidade do mundo revela-nos o próprio mundo não mais como ilusoriamente o pensávamos, como um ente, como uma coisa, como um conjunto e um complexo de coisas naturais e artificiais que estão por aí e onde acreditávamos estar perfeitamente integrados. Mas entendemos (embora não tematicamente) o que não havíamos compreendido do mundo: que ele é uma sutil e poderosa trama de significação que nos enlaça e dá consistência a nosso ser, nosso fazer, nosso saber. Porém, uma trama fluida, que desaparece sob nossos pés tão logo o sentido que ser faz se dilui e, então, nos faz falta.

Sumindo o mundo como uma trama significativa outrora e aparentemente perene e esvaindo-se o sentido que ser fazia para nós, sobramos nós mesmos. Soltos, sozinhos, postos diante do nada, sem podermos contar com as coisas e com as outras pessoas para nos enlaçar na existência como antes.

Esta experiência da inospitalidade do mundo, do nada em que se desfez ou ocultou o sentido que ser fazia para nós, e da mais plena liberdade em que somos lançados independentemente de nosso próprio arbítrio, Heidegger a nomeia *angústia*.

Fundado na angústia, regido por este paradoxal modo humano de se ser-no-mundo, é que se abre para o homem toda sua possibilidade de conhecimento. A ontológica inospitalidade do mundo e a ontológica liberdade humana são regentes de toda forma do homem conhecer o mundo. Portanto, da questão do conhecimento e do método.

Sobre a base da inospitalidade do mundo e de nossa ontológica liberdade, podemos nos distanciar do que vivemos. Essa possibilidade de tomar distância do mundo e do que quer que seja revela que não pertencemos efetivamente ao mundo ou às coisas. Os preconceitos, por exemplo, quando os temos é como se fizessem parte de nós mesmos e/ou daquilo a que se referem. No entanto, podemos a qualquer momento, até por obra de nada, reconhecê-los como meros pontos de vista que podem ser mudados, anulados, portanto, como idéias provisórias e relativas a respeito das coisas. Assim, eles perdem sua face de verdade absoluta e a força de domínio que exerciam sobre nós. Passam a ser percebidos como conceitos, como juízos que revestem as coisas mesmas, como pré-conceitos. E, muito embora tivessem nos constituído por um largo período de nossas vidas, não pertencemos a eles, e eles não pertencem a nós.

Assim, portanto, não pertecemos a nenhuma ideologia e a coisa alguma de forma fixa. Não pertencemos ao amado, ao amante, ao pai, à mãe, sequer ao nosso próprio corpo. Apesar de, em nosso cotidiano, empenharmo-nos em formar estruturas a que possamos pertencer, criando redes de relações que funcionam como redes de aprisionamentos, é este aprisionamento que, em sua absolutidade, é ilusório.

A plena determinação é algo que não faz sentido para o modo de ser humano. Nem mesmo há um modo determinístico de se ser homens a que pertençamos, à diferença das abelhas, por exemplo, que parecem pertencer a um insuperável e imperceptível instinto de ser abelhas.

A vida humana não tem, em relação a coisa alguma, a possibilidade de uma pertença confiada. E um viver sem perfeita entrega ou confiança, por obra de uma condição na qual ser foi dado ao homem, e não por qualquer dúvida casual ou metodológica. Não podemos confiar em sossegado abandono, porque de tudo irrompe a falha, a falta, a quebra de sentido e de significações.

A experiência humana da vida é, originariamente, a experiência da fluidez constante, da mutabilidade, da inospitalidade do mundo, da liberdade; a segurança não está em parte alguma. E isto não é uma deficiência do existir como homens, mas sua condição, quase como sua natureza.

Na base da estrutura de nossa episteme ocidental, a apreensão desta fluidez própria do ser, do exisitir, parece suscitar uma intranquilidade ao mesmo tempo que um desafio: bloquear essa fluidez, sustá-la, interrompê-la a fim de se conquistar uma estabilidade, de se sobrepor à insegurança uma posição de domínio, a garantia de um asseguramento.

Na Idade Moderna, Descartes, por exemplo, reconhece esta insegurança de um saber e de se ser no mundo, tal como a torna explícita nas *Meditações*. Todavia, esta insegurança ele não a reconhece como ontológica, como modo de se ser homens, mas, de forma díspar, como fruto das informações enganosas advindas dos seus próprios sentimentos e sensações e dos saberes organizados, disponibilizados e validados pela Igreja.

Essas inseguranças, decorrentes de enganos gerados por certas formas de conhecimento. Descartes as quer eliminar, reconstituindo os passos e os modos do conhecimento: assegurando uma metodologia adequada à regulação do pensamento e, portanto, à superação de suas idéias imprecisas e obscuras.

A estratégia por ele formulada consistiu em encontrar um ponto de apoio lógico para o pensamento, a partir do qual fosse possível a produção de "idéias claras e distintas" sobre o mundo. Idéias em que o mundo e os saberes sobre ele conquistassem precisão, estabilidade e, por conseqüência, pudessem ser controlados. Um lugar onde o mundo e as idéias do mundo ficassem sob o domínio do homem e não ao contrário. A insegurança do ser poderia ser transposta pela segurança do saber. As deturpações decorrentes dos sentimentos e das sensações poderiam ser sobrepujadas pelos procedimentos depuradores do Cogito.

Por obra do Cogito o mundo pode vir a ser representado.

Isto é, *reapresentado* através de idéias claras e distintas, portanto precisas e imutáveis. Na representação do mundo, o mundo renasce estável e seguro, e é assim que sua realidade é constituída e controlável. A instabilidade do ser parece desaparecer sob a segurança lógica do Cogito. A inospitalidade própria do mundo parece ocultar-se sob a face da *representação*. Na representação, produto do Cogito, a vida humana está salva da inospitalidade do mundo e de sua própria liberdade.

A representação é o substrato de uma metodologia do conhecimento capaz de segurar o mundo numa estabilidade pensável. Mas o que Descartes conquistou para o pensamento, a estrutura e a operacionalização em que o ajustou, aparentemente, e só aparentemente, salvam o homem da mutação incessante do ser, de seu constitutivo vir-a-ser.

A civilização ocidental, sobretudo modernamente, no intento de livrar-se da inospitalidade do mundo, voltou-se para a construção de uma forma especial de se saber o mundo e de se ser nele. Pela criação da representação, habitamos o mundo calculando-o e controlando-o. Controlamos o comportamento das massas, a opinão pública. Não apenas controlamos fenômenos da natureza, mas criamos fenômenos que não eram possíveis sob as determinações e leis da natureza, como o deslocamento do homem da órbita da Terra.

Porém, não é porque se criaram métodos e processos que nos permitem controlar fenômenos e criar outros, que se alterou a condição ontológica da inospitalidade do mundo e da liberdade humana. Talvez por isso mesmo a ciência moderna se lance sobre o conhecimento e o controle do mundo, transformando-os em coisa objetiva, e tenha se afastado, cada vez mais, de qualquer tentativa de compreensão do *sentido* da vida.

No entanto, apesar de todos os esforços por um conhecimento claro, preciso, previsível e controlável do mundo, em que o saber a respeito do mundo não resvale para nenhum ocultamento, a pergunta sobre o *sentido de ser* não abandona o homem. O controle de fenômenos da natureza (na qual se incluem os homens) não é suficiente para patencializar e paralisar a dinâmica fenomênica do sentido de ser em seu incessante mostrar-se e ocultar-se.

O cálculo e o controle dos significados e da utilidade das coisas e da vida mesma não servem para o desvendamento do sentido da existência. Essa sabedoria não tematizada de sua própria condição de ser no mundo de forma inóspita, o homem a tem sempre. Se a liberdade não pertencesse ao homem, como condição humana, ele não experimentaria esta incapacidade de se incrustar no mundo e de ter no mundo um grande hospedeiro, um grande útero a abrigá-lo de tudo, e nem haveria nenhum perguntar pelo sentido de ser.

O homem pergunta pelo sentido de ser porque este vai embora. Independentemente de qualquer controle que se suponha sobre ele. O máximo controle sobre o comportamento das massas, sobre a opinião pública... não é seguro. Há, assim, a constituição de um imenso equívoco, por maiores que tenham sido o desejo e o esforço de superá-los todos. Um equívoco epistêmico básico, fundamental para o modo metafísico de pensar no Ocidente, invisível para ele mesmo: a investida contra a insegurança do ser esbarra na impossibilidade de se mudar a constituição ontológica dos homens.

O sonho do homem moderno, a utopia de estabelecer-se como o centro e o senhor do universo através da representação do mundo, tem se mostrado uma tarefa impossível. O máximo do controle sobre a natureza e sobre suas forças é o descontrole máximo sobre a nossa sobrevivência no planeta.

O resultante moderno e contemporâneo da necessidade metafísica de se superar a insegurança do ser através do controle de sua representação está, como diz Heidegger ([1966] 1972), no modo técnico pelo qual o homem ocidental moderno, unicamente, sabe habitar o mundo. O que implica uma desvalorização ética do homem em favor de uma atenção concentrada sobre os equipamentos e modelos de controle do mundo.

Por mais que se tente arquitetar uma sociedade em que se

logre o controle da angústia, da inospitalidade do mundo, da fluidez e liberdade humanas, da transmutação incessante dos sentidos de se ser, a empreitada é, de saída, irrealizável. O que é originário do modo de ser humano, por mais acobertado e represado que seja, é reivindicante sempre e irrompe, sutil ou violento, nos momentos e circunstâncias os mais inesperados.

As críticas contemporâneas, pós-modernas, que têm por temática o esgotamento de nossa época, pelo que perguntam senão pelo sentido da vida, hoje? Apesar de todos os esforços desenvolvidos desde Platão e Aristóteles, não se alcançou nenhum sucesso em impedir que o ser saísse de sua aparente e desejada patência e voltasse para seu misterioso ocultamento.[2] A perda do sentido de ser. Só a partir daí é que o pensamento encontra seu apelo para pensar. Só diante de um vazio de sentido para ser, que torna insignificantes os significados tácitos e outrora claros de todas as coisas, é que o pensamento se lança na aventura de saber, de conhecer. O pensar se lança como propriamente é, interrogante, se angustiado; ele é posto pela angústia de ser diante do nada, da inospitalidade do mundo, da liberdade da existência.

Contrariamente, portanto, à metafísica, que busca a chance de pensar na segurança da representação, a fenomenologia é a postura do conhecer que medra na angústia, na insegurança do ser. Assim, enquanto a metafísica se articula no âmbito da conceituação, a fenomenologia se articula no âmbito da existência.

Desde a angústia o pensamento pode se empreender como aquilo que mais propriamente o constitui, como reflexão. E reflexão, segundo Heidegger ([1957a] 1960), "é a coragem de tornar o axioma de nossas verdades e o âmbito de nossos próprios fins em coisas que, sobretudo, são dignas de serem colocadas em questão".

A fenomenologia não pode ser compreendida por nós

---

2 – Um longo e consistente tratamento da temática encontramos na obra de Heidegger ([1961] 1971).

como uma escola filosófica entre outras, mas como um pensamento provocado pelo descompasso de uma civilização, pelo seu esgotamento, pelo esvaziamento, pela nadificação do sentido em que ser nela se fazia possível e solicitante. É o sentido de se ser no mundo, como homens, cuidando concreta e expressamente de habitar o mundo e interagindo com os outros homens, o que provoca o pensar fenomenológico. É o sentido de ser o que preocupa a fenomenologia, porém, compreendendo de antemão que todo saber a seu respeito nunca é senão relativo e provisório.[3]

Compreendido deste ângulo, pensar fenomenologicamente não é o privilégio nem o estilo de alguns filósofos, mas é um modo essencial de pensar que está dado como condição ontológica a todo homem, indistintamente. Se a fenomenologia, enquanto postura epistemológica, é o pensamento atuando diante de um vazio de sentido civilizacional, o pensar do homem cotidiano é um pensar diante do vazio de sua própria condição de humanidade (pessoal e coletiva). Pensar fenomenologicamente é sempre um pensar que se abre desde um mudo saber-se estrangeiro, livre num mundo inóspito, onde coisa alguma experimenta qualquer parada.

Pensar é uma condição na qual a vida foi dada ao homem, elemento de sua estrutura ontológica. Portanto, algo muito diferente da capacidade de se articular raciocínios lógicos a respeito do que quer que seja. Esta capacidade é derivada da condição ontológica do pensar, como uma de suas articula-

---

3 – O desdobramento do pensar como pensamento do sentido de ser é já um deslocamento realizado por Heidegger em relação a Husserl. Uma das razões pelas quais se pode qualificar de "existencial" a fenomenologia empreendida por ele. Arendt inclusive considera Heidegger não mais um fenomenólogo e sim um filósofo da existência, assim como Jasper. Como já mencionamos na Introdução, o leitor encontrará aqui, no entanto, a referência ao pensamento heideggeriano apenas como fenomenologia, por um interesse nosso bastante específico, a saber: manter a atenção voltada para como desde Husserl e seus seguidores o real foi interpretado, isto é, como "fenômeno"

ções concretas (portanto, ônticas). A metafísica interpreta esta questão ao contrário, à medida que confina o pensar no âmbito reduzido da representação, como se aquele fosse mera aplicação desta.

O pensar é um poder, um vigor, uma força que emerge do próprio ser-no-mundo e instaura o homem na sua humanidade, na sua fundamental provocação para ser. Como diz Heidegger ([1949] 1967), "Ser é ouvir e corresponder aos apelos de ser". Nessa trajetória o homem está em incessante embate com o sentido de ser.[4] Promovido por esse embate diante do sentido – ou de sua ausência – é que o pensar irrompe propriamente como pensar.

Por esta razão, o que funda a questão do pensamento (e de sua posterior formalização metodológica) é a existência. Este é o seu parâmetro, sua origem paradigmática.

Diante dessa circunscrição da fenomenologia podemos enveredar pela tentativa de configuração de uma metodologia fenomenológica de conhecimento, a qual chamamos, então, de *Analítica do Sentido*.

---

4 – Ser e Existência aqui se confundem. Segundo Hannah Arendt (1993; p. 15), "O termo 'Existenz' indica, em primeiro lugar, nada mais do que o ser do homem, independentemente de todas as qualidades e capacidades que possam ser psicologicamente investigadas... Com a ressalva de que não é por acaso que o termo 'Ser' tenha sido substituído por Existenz. Nesta mudança terminológica está oculto um dos problemas fundamentais da filosofia moderna.

SOBRE A INVESTIGAÇÃO

Inspirando-se na fenomenologia (e mais especialmente na Fenomenologia Existencial ou Filosofia da Existência), a *Analítica do Sentido* tem por base a ontologia do ente homem, seu modo de ser e, portanto, de conhecer. Sobre esta base desdobra seus procedimentos peculiares de investigação e, correspondentemente, de análise.

Mas, o que é uma *investigação* e como pode uma investigação ter por orientação a fenomenologia?

Genericamente podemos dizer que investigar é sempre colocar em andamento uma *interrogação*. É perguntar. Não se sai em busca da compreensão de um fenômeno tentando aplicar sobre ele uma resposta já sabida sobre ele mesmo. Investigar não é, assim, uma aplicação sobre o real do que já se sabe a seu respeito. Ao contrário, é a ele que perguntamos o que queremos saber dele mesmo.

O que constitui, pois, originariamente uma investigação é a interrogação e não, como mais vulgarmente se considera, sua arquitetura instrumental (Heidegger [1957a] 1960).

Consideramos *investigação* a ação de levar adiante uma

interrogação a respeito de alguma coisa. Embora concordando com Heidegger, entendemos que a investigação em nossa atualidade, à força da tradição metafísica de nossa civilização, tenha sido circunscrita apenas ao âmbito das instituições e sob uma estrutura empresarial.

A investigação é vista e tratada aqui desde um ângulo menos reduzido, como todo *querer saber, querer compreender* que se lança *interrogante* em direção àquilo que o apela, que o afeta, que provoca sua atenção e interesse.

Quaisquer recursos instrumentais podem servir ao intuito da interrogação ou impedir seu acontecimento. O instrumental só é efetivamente um instrumento para a investigação se serve aos fins ou intuito da interrogação.

Costuma acontecer que o investigador, sob a compreensão e a institucionalização moderna da investigação, subordina-se aos seus instrumentos e técnicas operacionais, sob a falsa suposição de que eles lhe garantem o encontro daquilo que se busca saber. Isto serve, obviamente, no mais das vezes, para as tentativas de se mensurar e decodificar os fenômenos naturais, físicos, por exemplo. Mas, em absoluto os mesmos instrumentos são adequados para as questões humanas. E são estas as questões que direta e unicamente, ao menos no momento, nos interessam.

O investigar que se proponha interrogar as ações humanas deve, por princípio, ser mais abrangente do que os instrumentos que selecionar; deve poder empreender-se na independência deles, e orientado pelo homem mesmo em seu estar-sendo-no-mundo.

Para que se entenda o que é uma investigação e uma análise do *real* desenvolvidas pela Analítica do Sentido é necessário que se tenha presente, primeiro, que metodologicamente a ela importa a explicitação da *natureza*, digamos assim, e do *modo* da interrogação que põe em andamento. Todo instrumento é, para a Analítica do Sentido, um recurso provisório, secundário, e que às vezes nem serve, repetidamente, para a mesma questão.

Investigação é por nós entendida como um querer saber que interroga. *O que se quer saber*, paralelamente ao *modo da interrogação*, é aquilo que decisivamente interessa à Analítica do Sentido e não o *regramento do proceder*, que é o que se põe em questão quando o enfoque da investigação recai sobre o instrumental.

Ao contrário do que esta afirmação pode fazer soar, esse pôr-se a caminho, interrogando, em direção àquilo que se quer saber e que provoca esse querer, não é algo que acontece fortuitamente, de qualquer maneira, à deriva e à mercê seja da curiosidade mesma do investigador, seja da presença imperiosa daquilo que se busca compreender. Há uma necessidade incessante, e durante todo o tempo que durar uma investigação, que se tenha clareza do modo da interrogação.

O modo da interrogação é determinado exatamente por aquilo que se quer saber e não pelos recursos técnico-operacionais que se possa pôr em prática. O fundamento do método fenomenológico está dado, sobretudo, por aquilo que se busca compreender.

Quando falamos em querer compreender o que é algo, que funda originariamente a interrogação que, por sua vez, é a base determinante da investigação, falamos em perguntar (e isto sob qualquer orientação epistemológica) pelo o que é e como é alguma coisa (por exemplo, *o que é* e *como é* educar? o que é e como é a participação popular na China?..., ou querer saber o que de fato aconteceu numa dada situação, como aconteceu, as razões de sua ocorrência...).

Querer saber *o que é e como é algo* são os dois elementos que estão na base de uma investigação, e podem ser traduzidos num só, a saber, a pergunta pelo ser de algo, do que está em questão. O *ser* de algo sempre é composto pelo *o que* algo é e *como* ele é.

No entanto, isto que pode parecer óbvio e claro, em verdade, não o é. Pois, este ser das coisas que o interrogar (não importa sob que orientação epistemológica) tem por núcleo de seu desenvolvimento é a questão mais controvertida para o pensamento. A questão de ser é a questão sobre a qual, no decorrer de nossa história civilizacional, tentou-se o maior número de acordos e a que mais se mantém em litígio. A *questão* através da qual desenvolvem-se todos os saberes. Sobre o que, ou sobre que critério, a questão do método se decide e delimita é sobre a questão do ser. Ela se fundamenta e se estrutura sobre a resposta que se dê a essa questão. O que se compreende que *ser é determina a* identidade do método. O que quer dizer, determina a estrutura da interrogação, núcleo originário da investigação.

Assim, a caracterização de uma metodologia de investigação e análise passa, necessariamente, pelo aclaramento de *o que se compreende por "ser"*.

Ou seja, todo interrogar pelo ser (de algo, que é o que constitui qualquer investigação) tem sempre uma *prévia* interpretação de ser que o orienta. E uma interpretação de ser que se desdobra em três elementos ou dimensões:

– uma prévia *compreensão do que seja ser*: não posso perguntar pelo ser de algo se não sei o que é *ser*;
– uma prévia noção de um *lugar de acontecimento* onde e sob que aspecto este ser se aloca e se torna acessível à compreensão, onde pode ser encontrado;
– uma prévia compreensão do *horizonte de explicitação* onde este ser buscado ganha sua mais genuína e fidedigna possibilidade de expressão.

Estes três elementos vão fazer com que o perguntar seja, efetivamente, uma investigação e, simultaneamente, e uma vez que claramente explicitados, vão delimitar se é uma investigação de orientação metafísica ou fenomenológica, portanto.

No presente estudo, é de nosso intuito que o esclarecimento destes elementos se faça mediante uma comparação, ainda que genérica, entre a fenomenologia e a metafísica. Desta feita, para uma primeira e rápida aproximação da questão, podemos antecipar:

a) Quanto à prévia compreensão de ser
Para a metafísica, que parte de uma suposta separação entre ser e ente, o ser de um ente coincide com sua *essência*. Para a fenomenologia, que parte da impossibilidade de tal separação, o ser de um ente coincide com seu próprio *aparecer*.

O ser, entendido pela metafísica como essência de um ente, torna-se patente, visível, detectável, na *idéia* que se elabora do ente.

Para a fenomenologia, a coincidência entre o ser de um ente e seu aparecer torna-se evidente através de como as coisas aparecem para nós (seja esse nós um sujeito individual ou uma coletividade). Essa *aparência* não deve ser confundida, como veremos mais adiante, com o que, sob a força de nossa tradição metafísica, consideramos uma "mera opinião" ou uma "mera percepção", ou como "imagem" de algo.

O ser, para a metafísica, não apenas se torna patente e disponível como a essência de um ente, acessível através do seu conceito (ou idéia), como, também, é no conceito mesmo que tal patência torna-se *permanente*. A essência aloca-se no conceito do ente. Nele ela se manifesta, se objetiva e assim permanece.

Já, para a fenomenologia, o ser que se torna patente através do aparecer dos entes é *impermanente*. Ele tem uma dinâmica fenomênica: ele aparece e desaparece.

O ser visto pela metafísica como a essência do ente, patente e permanente no conceito, é o que podemos chamar, também, de substância do ente. Para a fenomenologia, o ser que aparece e desaparece no aparecer dos entes deve ser compreendido como um vir-a-ser na cotidianidade da existência.

Assim, pois, temos que para a fenomenologia há uma coincidência entre *ser e aparência*. E, para a metafísica, uma coincidência entre *ser e idéia*.

b) Quanto ao lugar de acontecimento (aparecimento, manifestação) do ser
Ente, na terminologia filosófica, é tudo o que é, o mani-

festo. Ser é o que faz com que um ente seja ele mesmo e não um outro ente qualquer. Uma distinção que, com clareza, é exposta pela primeira vez por Aristóteles.

Para a metafísica, dado que considera a aparência como algo ilegítimo e enganoso, o ser de um ente nunca está exatamente no próprio ente, naquilo que se mostra, mas atrás dele, por trás do aparente, do manifesto, naquilo que está oculto, escondido.

Para a fenomenologia, por não haver uma dicotomia prévia entre ser e ente, o ser não está por trás das aparências, mas nelas mesmas. O ente carrega em si seu ser, seu aparecer e desaparecer, seu estar à luz e estar no escuro. O ser não está na sombra do que está à luz, mas está no ente. Portanto, está naquilo que se mostra. Assim a aparência, para a fenomenologia, é legítima.

Para a fenomenologia, o lugar de acontecimento do ser dos entes, desde a manifestação dos entes, é o próprio *mundo, o ser-no-mundo*. Já, para a metafísica, por princípio, tal lugar de manifestação é a zona escura, invisível da manifestação do ente em sua tangibilidade e concretude.

Outra diferença entre a fenomenologia e a metafísica é que, enquanto para a primeira há a aceitação da impermanência daquilo que a respeito do ente se põe à luz, a metafísica recusa essa aceitação. A permanência daquilo que se traz à luz sobre o ente é o que podemos identificar sob a expressão patência. O que funda a *patência* é a permanência.

c) Quanto ao "horizonte de explicitação" do ser
Se para a metafísica o ser é a substância que está por trás do aparente e se torna patente no conceito, o horizonte em que este ser vai se desdobrar e chegar ao pleno de sua apreensão é a *precisão metodológica do conceito*. Este conceito não é uma mera opinião a respeito da coisa, mas uma idéia logicamente construída através de um determinado caminhar, através de um reconhecido processo de conversão de uma percepção numa idéia. Um sinônimo para precisão metodo-

lógica do conceito é a expressão heideggeriana representação (Heidegger [l957a] 1960).

No caso da fenomenologia, este horizonte em que o ser pode ser compreendido na sua impermanência, no seu aparecer/desaparecer, é a *existência humana mesma, entendida como coexistência (singularidade e pluralidade) em seus modos de ser no mundo.*

***

Destas breves indicações já nos é possível, ainda que superficialmente, formar uma primeira noção de que, embasando-se e norteando-se por tais prévias compreensões, uma investigação, cuja orientação for fenomenológica, chegará num lugar muito diferente daquele onde chegará uma investigação que tiver por orientação a postura metafísica.

Aquilo que se quer saber de algo depende, portanto e sempre, de uma prévia noção do *que é e como é,* ou seja, *do ser* daquilo que se está buscando compreender e que se tem por questão mais imediata. O que está sendo buscado à frente, e de que se tem um saber prévio que vem de trás, é que vai definir o próprio buscado. Assim, se pela orientação epistemológica da metafísica iremos atrás da *substância*, pela fenomenologia iremos atrás desse movimento de vir-a-ser do existir. Esse é um marco diferencial básico entre metafísica e fenomenologia.

Nos 2400 anos de seu desdobramento, o saber no Ocidente realizou-se realizando uma coincidência entre *ser e substância* e entre *verdade e representação*, acreditando que esta coincidência é sua única via possível.

À diferença da metafísica, a fenomenologia sabe da relatividade em que se instaura, por compreender que esta relatividade é imposta pelo ser mesmo. Aliás, a fenomenologia nasce como uma percepção crítica desse modo de pensar metafísico que esteve estruturando nossa civilização.

É este modo de pensar, inclusive, aquilo que instaura a

civilização ocidental como civilização ocidental. A fenomenologia é, assim, uma percepção do limite de um certo modo de pensar e, portanto, de existir, cuja necessidade sentida e à qual responde é a de uma superação deste mesmo limite. Assim, enquanto caminho epistemológico, a fenomenologia não é nem mesmo uma oposição à metafísica; ela apenas é a busca de tornar acessível ao pensar aquilo que através da metafísica se manteve em ocultamento para o pensar, se manteve no esquecimento. Merleau-Ponty fala no *pensar o impensado*. Husserl chama o pensar para que se *volte à coisa mesma*. Heidegger indica a *superação da representação* e aponta para a *apropriação do ser*.

Com uma compreensão prévia do ser originada na percepção do limite da compreensão metafísica, a fenomenologia é uma nova via que se abre para os homens ocidentais desta época histórica e civilizacional. Podemos falar numa *postura fenomenológica, isto é, numa consciência de ser que dispõe o pensar e o próprio existir, ou ser-no-mundo, em sua historicidade*.

Tentemos, agora, aclarar o que, em síntese, antecipamos anteriormente, isto é, o que a fenomenologia compreende por ser, onde e como ele se manifesta, qual seu horizonte de genuína explicitação. Uma tarefa que começa pelo esboço de como a fenomenologia compreende a postura e a compreensão que a metafísica tem desta mesma questão – que é o ser. Qual o limite reconhecido na postura metafísica pelo pensar fenomenológico e qual sua proposta?

Na realização destes esclarecimentos estaremos demarcando os aspectos fundamentais para enunciação da *Analítica do Sentido*.

A Respeito da Prévia Compreensão de Ser da Metafísica

Nenhuma superação da postura metafísica torna-se possível se a pedra fundamental sobre a qual ela se erige não for repensada. Esta pedra fundamental é a questão do ser e, sobre ela, todo conhecimento e referência ao mundo se realizam, seja pela elite pensante, seja pelo senso comum. Entre as questões ontológicas mais fundamentais que se desdobram sobre a compreensão do ser, estão as que tocam nas concepções de tempo, mundo, espaço, história, linguagem, homem, e sobre elas vão se formulando todos os saberes, desde a apicultura até os assuntos religiosos, desde a descoberta e a cura das doenças até as mais peculiares questões políticas.

O Ocidente estabeleceu-se sobre uma prévia e metafísica compreensão de ser enquanto substância do ente. Em *A origem da obra de arte*, Heidegger ([1957b] 1960) nos fala que, na tradição metafísica, a resposta pelo ser do ente, derivada de Aristóteles, tece-se através da correlação entre Matéria e Forma (Essência e Existência, Substância e Acidentes).

A Forma ou a Essência, para Aristóteles, é aquilo que faz com que uma coisa seja ela mesma e não outra, e corresponde às qualidades genéricas e específicas (portanto, universais) dos entes. A Matéria, por sua vez, expressável através dos acidentes, corresponde ao peso, ao volume, à cor, ao formato, entre outros caracteres do ente tangível e individual. A Forma, a Essência, é o perceptível mediante o intelecto – através de uma abstração dos caracteres acidentais dos entes –, é o que não é perceptível e tangível em sua materialidade, é o presente mais inaparente no ente (a exemplo do método da indução e da dedução). A Essência está na sombra do aparente, pois o que se ilumina à frente da percepção é apenas o individual não universalizado, sem generalização, na sua concretude individual, o "não fiável".

De outro modo que Aristóteles, mas mesmo antes dele, Platão já havia denunciado o mundo sensível e aparente como um mundo enganoso, já que era múltiplo, diverso e, ainda por cima, mutável e corruptível, quer dizer, degenerante. O ser mesmo é o conceito e não poderia estar sujeitado a estas leis do mundo sensível, a nenhuma degeneração e mutação. Ao contrário, o ser só poderia estar para fora disto tudo. A aparência dos entes era extremamente problemática, por suas características próprias, e escondia o ser, porque não o apresentava na sua unicidade, nem na sua estabilidade, nem na sua permanência. O lugar deste ser que Platão buscava era, então, o Hades, um mundo não aparente. Todo o caminho do pensamento, a dialética do conhecimento por ele proposta, consiste numa forma de fazer com que o homem se desprenda de seu próprio corpo (também um ente sensível) e possa ver o ser (conceito), digamos assim, com o olho do espírito. À verdade mesma o homem só teria acesso através da morte.

Para Platão o ser é imaterial, não-sensível, é idéia pura, e o ente é material, sensível. O ente é aparente, o ser inaparente. Mas dele o espírito sabe porque já esteve em contato com ele no Hades. O exercício dialético do conhecimento que consiste numa depuração e num desprendimento do corpo e de suas sensações é, em verdade, um caminho de recordação (a teoria da reminiscência sobre a qual se apóia o pensamento).

Aristóteles parte desta angústia de Platão (mais do que sua certeza, do mesmo modo que Descartes é mais um pensador angustiado diante do mesmo problema que Platão, numa outra ordem). Angústia diante da diversidade, da multiplicidade das coisas (diante delas ficamos sempre sem controle) e da necessidade emergente, então, de que o ser seja patente e não se recolha jamais, depois de uma vez encontrado, para aquela zona escura de onde saiu.

Aristóteles responde a esta angústia de um modo diferente do de Platão. Este inaparente do ente, que é o seu ser, seu conceito, não se alocaria num mundo à parte do mundo sensível (do qual este último seria mera sombra, mero reflexo), mas residiria no mundo sensível mesmo, e em cada ente que é. O acesso a este ser inaparente seria trabalho do intelecto; a substância, o conceito dos entes, seu ser, não seria una, estável, eterna no ente, mas na idéia/no juízo (mesmo porque, se para Platão a alma humana era imortal, para Aristóteles ela não o era). Com Aristóteles falamos, pela primeira vez e propriamente, num método para a conquista do conhecimento verdadeiro do mundo, ou seja, num procedimento que controlasse o pensamento para que ele cientificamente definisse os entes em seu "verdadeiro" ser, além de pôr à prova os juízos formulados. É a primeira vez que, na história do Ocidente, por assim dizer, se fala do pensar como um processo de produção de idéias, no qual os procedimentos lógicos seriam seus sistemas de operação e os instrumentos, os maquinários. Este processo de conhecer não se desdobra sobre o nada, mas sobre a pré-compreensão do ser como a substância do ente. Os procedimentos metodológicos combinam com a noção prévia do ser e dela são derivados. E as noções resultantes deste processo devem ter, por sua natureza, a permanência, isto é, elas mesmas não podem desaparecer, não podem voltar ao reino do inaparente. Portanto, o cuidado para a postulação e criação de procedimentos e instrumentais deve ser tomado em alta conta. O *processo* torna-se a garantia dos produtos: a patência (permanente) da substância dos entes é retirada do escuro ou do ocultamente onde estava e impedida de retornar a ele.

Esta postura a respeito do ser, que nos vem de Platão e é melhor elaborada por Aristóteles sob a ordem da correlação entre Matéria e Forma, e que nos fala do ser do ente como o manifesto que reúne em si mesmo sua substância (forma) e seus acidentes (matéria), de uma maneira muito tácita, tranqüila e inquestionável, passeia e se instala em nossa própria estrutura de linguagem. Em nossa língua, essa mesma perspectiva se apresenta na figura de *um sujeito com seus predicados*. Falamos de algo identificando-o a um sujeito (substantivo) com seus predicados (adjetivação).

Com isto, mantemo-nos na noção de que o ente carrega, incorpora nele mesmo o seu ser, *o que* ele é. O ser é um atributo do ente, na mesma proporção em que um predicado convém a um sujeito, e a ele pertence constituindo-o naquilo que ele é.

O ente, ou coisa, desta forma, é em si mesmo. Enuncia-se, assim, a noção de uma *coisa em si*. E que, como tal, requer, para sua existência, o contraponto de uma consciência que a reconheça. Mas, uma consciência independente dela.

Portanto, enuncia-se, inclusive, a prévia compreensão de que também a consciência é em si. *Coisa em si e consciência em si* são entes que se sustentam a si mesmos, isoladamente, existindo sobre a base de uma separação. Uma base exigida pela noção de que o ser dos entes se refere à correlação entre matéria e forma. *Coisa em si e consciência em si* serão, a partir de Descartes, reafirmadas, em especial com a construção dos conceitos de *sujeito e objeto*.

O pensamento cartesiano é o modelo sobre o qual nossas ciências atuais tomam fôlego. Descartes não se desvia da noção metafísica de que o ser é a idéia a respeito da substância do ente, nem mesmo a põe em dúvida. Sua discussão remete-se apenas ao âmbito de sua delimitação, a saber: a idéia da substância do ente (seu ser) é concedida ao homem pela revelação divina ou é obra da razão mesma dos homens? Optando pela segunda alternativa, Descartes detém-se, então, em encontrar os limites nos quais essa razão pode conter tal idéia do ente. O que se mostra como seguro, enquanto procedimento da razão, é a certificação de certos aspectos do ente que podem ser precisados mediante um controle baseado na observação, na mensuração, na classificação dos entes. Fora deste controle preciso e metodológico, a razão não pode ter segurança de mais nada. O ser mesmo dos entes continua a se revelar como algo misterioso. Dele o pensamento não se encarrega porque é inaparente, intangível, impermanente, portanto, não patenciável. Com isto, caímos no que Descartes mesmo diz nas *Meditações*, que o que cabe ao Cogito é a busca da certeza sobre o ente e não seu ser.

Mesmo descartando o ser como questão para o pensamento e, portanto, descartando-o como uma questão para o homem, Descartes não sai do circuito do ser. Ao contrário, sua busca da certificação do ente é um embate sem tréguas diante do jogo de aparecimento e de desaparecimento do ser. E que Heidegger recupera sob a noção de "aléthèia", do desvelamento do ser.

Portanto, sobre o descarte que Descartes realiza do ser como tarefa para o pensar, nossa civilização ocidental conquistou a chance de seu desenvolvimento técnico, científico, industrial, comercial, ideológico. Todo modo de produção material/econômica do mundo apóia-se numa noção de ser e, portanto, de todas as noções dela derivadas, como as questões do tempo, do espaço, do homem, do mundo, da história.

O que a fenomenologia faz, numa diferença em relação ao pensamento moderno e contemporâneo, desdobrado sobre o racionalismo cartesiano, de fundo metafísico, é pôr em questão aquilo mesmo que Descartes recusa, mas não questiona: o fato de se saber se a substância dos entes, patenciável na idéia logicamente construída, é verdadeira ou não.

Não temos, portanto, escapatória: ou pensamos a questão do ser, novamente, ou solidificamos aquilo mesmo que criticamos, o modo metafísico de se pensar e habitar o mundo.

Especialmente depois das indicações de Descartes, a área de saber que se encarrega por responder a questão do ser deixa de ser a Filosofia para ser a Física. A matematização da natureza, através da física moderna, aparece no cenário do pensamento como aquilo que vai tomar o lugar da filosofia diante desse tema. Melhor ainda, a própria filosofia, segundo os novos paradigmas que lhe são indicados por Descartes, deixa de ser filosofia, enquanto reflexão, para ser ela mesma física. A filosofia moderna gera a física moderna, que, portanto, se apresenta como a expressão última da filosofia a partir da modernidade (Heidegger [1966] 1972).

Como enuncia Heidegger, para a compreensão matemática do mundo, para a física da natureza, a própria substância não é objetivável. Assim, para a metafísica, o critério que põe as coisas e os temas como adequados ou não para o conhecimento, e os identifica como reais ou não, é a sua capacidade ou potência de patência. Desta feita, não seria mais problema para o pensamento se o ser é ou não a substância dos entes, mas, definitivamente, sua patenciabilidade.

Com Aristóteles, a patência necessária à substância das coisas através do conceito, que é a patência dos entes, ainda acontece no âmbito aberto do pensar, ainda é revelação. A patência (permanência) do conceito ainda é tida como a possibilidade que a substância tem de se expressar. Na modernidade, esta patência é mais delimitada. Ela deixa de ser *lugar de revelação* da substância dos entes para se tornar apenas *objetivação*.

Só é objetivo aquilo que está separado do homem, que *é coisa em si* e que pode ser mensurada, calculada, controlada e, portanto, coisa a respeito da qual a razão se assegura.

Portanto, não é mais importante a pergunta sobre a verdade dos entes em seu ser, mas a pergunta sobre a medida da certificação das coisas mesmas, a constituição de uma empiria. Importa, portanto, não a verdade das coisas em seu ser, mas o processo de precisão (certificação) das coisas serem assim. E é esta precisão que, em sua vulgarização, passa a ser conotada como verdade: a verdade de algo estaria na precisão de sua mensuração.

A física moderna faz um rearranjamento e até uma redução dos fundamentos metafísicos para o pensar e o ser, mas não uma substituição e um questionamento desses fundamentos. O horizonte – a precisão metodológica do conceito - toma até mesmo o lugar do ente objetivado, ou do objeto empírico, em termos de importância para a dedicação, para o cuidado. A precisão metodológica do conceito - a representação – é muito mais controlável do que o próprio objeto a que ela se refere.

Com isto estamos dizendo que também o ente, tornado objeto empírico, decai de si mesmo. Isto é, não importa o ente como tal, mas o que dele pode ser objetivado e tornado apto para a medição e o controle. A face objética do ente é que se delimita como o patenciável do ente.

A objetividade proposta pela metafísica, como analisa a fenomenologia, não é possível no ente. Em verdade, ela está na representação que se faz do ente. A objetividade é, portanto, um atributo da representação e não da coisa em si. A objetividade é conceitual e não da coisa mesma.

Se esta objetividade pretendida para as coisas só é possível no conceito, como é possível a existência da coisa em si ou do objeto empírico?

O objeto empírico não existe, pois, em si mesmo, mas apenas e na medida da sua reconstrução pelo pensamento logicamente parametrado sobre a base da certificação. Ele é posto por sua própria representação. O pensamento do ente não é mais resultante de um encontro do Logos com o que se manifesta, mas um produto da representação do Cogito. O objeto empírico não existe como coisa em si, mas só pode ser apreendido como objeto por causa de uma representação. Então, aquilo em que se pode depositar confiança não é nem mesmo o objeto empírico, mas a sua representação. Tem-se a segurança do conceito, mas não da coisa. Assim, as diversas ciências criam a realidade como um facetamento deste ente, inclusive, segundo o que deles interessa, a elas, tornar patenciável.

Um paradoxo: a postura metafísica, para fugir dos enganos propiciados pelas aparências, funda o ser dos entes no que deles é inaparente – sua substância. Mas, na modernidade, o ponto último desta fuga vai ser encontrado na própria aparência, o porto seguro contra sua enganosidade. Troca-se o inaparente pela segurança da aparência. Mas é uma aparência retirada do seu próprio aparecer para ser aparência que reaparece no conceito. O que pode ser mensurado, no fundo, é o acidente mesmo, que Aristóteles nega como o elemento básico para a definição do ser dos entes, de sua substância. Este é o ponto cego da metafísica e das ciências em que se desdobra.

Para a metafísica, então, o ser dos entes é compreendido como as *qualidades genéricas e específicas* de um ente, que perfazem sua substância, conferindo-lhe uma *identidade*, e que se tornam tangíveis, patentes, permanentes no juízo lógico – conceitualmente construído. Esta perspectiva é traçada sobre uma prévia (e também tácita) compreensão de que ser e ente são ambos realidades separadas e independentes.

Nesta medida, ente e ser acabam por se equiparar como realidades ou instâncias objetivas e empíricas, equivalendo-se.

O ser passa a ter o mesmo poder de manifestação do ente, de permanecer patente, tangível. Tal como nos diz Heidegger, o ser, através da história metafísica no Ocidente, se entifica. Todavia, o ser percorre um longo caminho de procedimentos lógicos para se tornar tangível e patente e, só então, deixa de ser visto como aquilo que está por trás dos entes, de forma obscura e fugaz. Lembremos que este trabalho de conhecimento é promovido por uma também prévia interpretação de que o aparente (o ente em sua manifestação) não é confiável, dada sua mutabilidade, sua diversidade e multiplicidade, além de sua degeneração cujo extremo é seu deixar de ser. Apreendido no modo de um constructo ideal – o conceito –, o ser patencia-se, então, na idéia ou representação. E estas, por sua vez, pelo seu poder de manifestação, isto é, de se exporem de modo patente e permanente, têm, também, o caráter de entes.

Atrás dos entes, como seu fundo escuro, o ser é, simultaneamente, a fonte, a origem, o fundamento de possibilidade dos próprios entes. Da perspectiva entificadora da metafísica, tal origem é interpretada como causa dos entes em seu ser.

Tendo seu lugar primordial atrás das aparências do ente, a substância ou o ser dos entes se desenvolve e alcança seu máximo de manifestação no horizonte da precisão metodológica do conceito – a representação.

Diante da metafísica, não podemos simplesmente afirmar que a fenomenologia se erige como uma contraposição. Trata-se, isto sim, de uma genuína alteridade que se estabelece entre uma e outra dimensão epistemológica.

A Respeito da Prévia Compreensão Fenomenológica de Ser

Os homens nasceram em um mundo que contém muitas coisas naturais e artificiais, vivas e mortas, transitórias e sempiternas. E o que há de comum entre elas é que aparecem e portanto são próprias para serem vistas, ouvidas, tocadas e cheiradas, para serem percebidas por criaturas sensíveis dotadas de órgãos sensoriais apropriados. Nada poderia aparecer (a palavra aparência não faria sentido) se não existissem receptores de aparências, criaturas vivas capazes de conhecer, reconhecer e reagir (em imaginação ou desejo, aprovação ou reprovação, culpa ou prazer) não apenas ao que está aí mas ao que para elas aparece e que é destinado à sua percepção. Neste mundo em que chegamos e aparecemos vindos de lugar nenhum e do qual desaparecemos em lugar nenhum, Ser e Aparência coincidem. A matéria morta, natural e artificial, mutável e imultável depende, em seu ser, isto é, em sua qualidade de aparecer, da presença de criaturas vivas. Nada e ninguém existe neste mundo cujo próprio ser não pressuponha um espectador. Em outras palavras, nada do que é, à medida em que aparece, existe no singular. Tudo o que é é próprio para ser percebido por alguém. Não o homem mas os homens é que habitam este planeta. A pluralidade é a lei da Terra (Arendt, 1993).

Para a ótica fenomenológica há uma coincidência entre ser e aparência. Este ser assim entendido manifesta-se ou apresenta-se no ente, mas não no ente apreendido como coisa em si e sim no ente visto enquanto *presença no-mundo*. Assim o ser pode ser perscrutado, manifesto e expresso no horizonte existencial, isto é, nos modos-de-se-ser-no-mundo. O ser que se busca através da fenomenologia não é nenhuma entidade em si mesma, nem mesmo uma idéia a respeito da substância dos entes.

Por isso mesmo há uma constante determinação, entre os fenomenólogos, em tornar visível o eixo fundamental em que a questão do conhecimento (e, portanto, do método) se origina e desenvolve, a saber: o modo-de-ser-no-mundo do homem, as condições ontológicas em que lhe foi dada a possibilidade de apreensão e expressão de tudo com que se defronta. O ângulo original de que parte Arendt nesta questão é simples: com o que o homem convive (e como) a ponto de poder perguntar o que e como as coisas são?

O ser se faz aparente no ser-no-mundo; é aí que ele se expõe em sua plenitude, e é aí mesmo que ele desaparece. Como expressa Arendt, o aparecer, essa qualidade ou poder que as coisas têm de ser/aparecer, não pode ser compreendido como mera manifestação, mas como uma epifania: o momento temporal em que alguma coisa permanece no ápice de sua aparência. Mas tal temporalidade só pode ser compreendida neste aparecer das coisas porque ela é a experiência mesma dos homens, o intervalo entre seu nascer e seu morrer. A manifestação dos entes é, pois, sua epifania (inclusive porque temporal) no cenário do mundo, em que estão presentes, como elementos constituintes, os espectadores. O jogo do aparecer é um movimento do ente parecer ser tal ou qual, deste ou daquele modo para espectadores. E uma possibilidade que jamais aconteceria sem estes últimos. O aparecer das coisas está condicionado a que elas apareçam para alguém (indivíduo ou coletividade).

No entanto, esta epifania não pode ser compreendida no lastro da metafísica como o permanente e absoluto estar à luz dos entes. A esta epifania não corresponde nenhuma patência atemporal e eidética, mas simultaneamente um esconder. Além disso, aparecer

> significa sempre aparecer para outros e este aparecer varia de acordo com o ponto de vista e com a perspectiva dos espectadores. Em outras palavras, tudo o que aparece adquire, em virtude de sua fenomenalidade, uma espécie de disfarce que pode de fato, embora não necessariamente, ocultar ou desfigurar. Parecer corresponde à circunstância de que toda aparência, independente de sua identidade, é percebida por uma pluralidade de espectadores (Arendt, 1993).

O que aparece não apenas mostra, mas oculta e/ou desfigura. Essa possibilidade de ocultar e desfigurar, que o ente que se mostra tem, denota seu aspecto fenomênico. O mostrar-se do ente não é apenas um exibir-se ou um pôr em patência aquilo que se desejaria ter de uma forma tangível. O mostrar-se é fenomênico porque ao mesmo tempo que algo se mostra está, também, ocultando algo de si mesmo. Esta ambigüidade do manifestar não indica que algo do ente não foi visto, mas que o ocultamento pertence ao mostrar-se da própria coisa (Heidegger [1957b] 1960).

Mas isto, que por um tal mostrar-se permanece no ocultamente, não é, como quis a metafísica, seu ser. Ou seja, assim como pensava Kant e que Arendt nos faz recordar: "As aparências (...) devem ter um fundamento que não seja ele próprio uma aparência, porque este fundamento ou este fundo deve ter um grau mais alto de realidade que aquilo mesmo que aparece" (Arendt, 1993:17).

Isto que Kant sugere como existindo por trás das aparências, com um grau de realidade maior do que os entes, é, então, o que na estrutura do pensar metafísico se transforma de physis, de origem, em causa. Assim, refaz-se a interpretação de que o lugar de manifestação do ser é atrás do aparente, do ente, como seu fundo.

Para Arendt (1993), a

> primazia da aparência é um fato da vida cotidiana do qual nem os cientistas nem os filósofos podem escapar e ao qual sempre têm que voltar em seus laboratórios e seus estudos. E cuja forma fica demonstrada pelo fato dela nunca ter sido minimamente alterada ou desviada por qualquer coisa que eles tenham descoberto quando dela se afastaram.

Assim, por exemplo, o fato da descoberta de que a água é composta por hidrogênio e oxigênio não muda a materialidade nem a aparência da água. O mesmo argumento podemos ampliar para todos os fenômenos possíveis, concretos e imaginários.

Arendt chama a estas perspectivas de falácias metafísicas. As aparências importam porque, além de exporem os entes, também os protegem da exposição. "E exatamente porque se trata do que está por trás delas, a proteção pode ser sua mais importante função. Em todo caso isto é verdade para as criaturas vivas cuja superfície protege e oculta os órgãos internos que são a sua fonte de vida." (Arendt, 1993)

***

Nossas reflexões, aqui, sobre a prévia compreensão que a fenomenologia tem do ser, começam exatamente com esta questão de Arendt (1993:17): "Já que vivemos em um mundo que aparece, não é muito mais plausível que o relevante e o significativo neste nosso mundo estejam localizados precisamente na superfície?".

Mediante esta questão, Arendt dá prioridade ao que, da ótica da metafísica, não se dá valor algum (ao menos no que toca o conhecer em sua verdade as coisas) e que é o senso comum. O senso comum está em contato com o mundo das aparências e trabalha com o que está na frente, aparecendo, jamais com aquilo que está por trás, suas causas ocultas e mais reais. Para Arendt (1981), o homem não vive num mundo de causas, mas de aparências. "O atributo essencial do mundo é o fato dele ser percebido por todos nós."

A aparência nunca teve confiabilidade. Desde Platão a procura da verdade do ser foi sempre através de uma empresa de superação das aparências, sob a crença de que elas nos enganam. Mas, como poderíamos falar do ser, se este não pudesse aparecer?

O pressuposto da metafísica é de que o ser é inaparente. Aparente é apenas o ente. E isto, porque para a ótica metafísica não é o ser que coincide com a aparência; mas a patência. O ser é algo absolutamente oculto em si mesmo, e apenas metodologicamente patenciável.

Ora, o que aqui se quer evidenciar é que a substância de um ente, tangível na idéia de suas qualidades genéricas e específicas, é *apenas a idéia de um ente*. Ou seja, não se pode confundir a idéia de um ente com seu ser. Isto é fundamental: a idéia de um ente não é seu ser.

Se o ser não é uma idéia (ou um conceito) a respeito do ente, ele tem que ser acessível no ente mesmo, como presença no ente e não numa abstração realizada a partir do ente. Todas as coisas que *são* carregam nelas *seu ser.* Se não fosse assim, não poderiam se manifestar. Uma cadeira, uma lâmpada, uma saudade, uma lembrança, uma emoção... só podem ser se se manifestarem. O ser é esta manifestação. O ser é diferente do que seja uma idéia, porque o ser é mais um *poder* que os entes têm de se manifestarem. O que não se manifesta não existe. Parmênides nos diz que "o ser é e o não-ser não é". Para que as coisas sejam, elas dependem de manifestação. Não se pode falar das coisas se elas não se manifestarem, ainda que esta manifestação seja expressão da fantasia, da loucura, da imaginação. O ser nunca está oculto atrás do manifesto. Buscar num ente sua idéia, seu juízo, sua noção, significa buscar o significado de um ente, sua *identidade* e não seu ser. O ser da cadeira é ser cadeira, por exemplo. Posso perguntar, no entanto, por sua matéria, por sua utilidade. Posso perguntar por seu preço, por sua beleza, e isto pelo que se pergunta são apenas os significados vários que as coisas podem ter. Cada coisa tem infinitas possibilidade de ser. Como observava Aristóteles, "o ente se manifesta de várias maneiras".

Os significados estão aderidos às coisas e são socializados, testemunhados e admitidos por todos nós. Não estamos aqui falando de aparência como mera presença física, mas pertencem a esta aparência todos os significados que o ente possa ter. Cada ente pode trazer como significação do seu o *que é e como* é diversas definições relativas à história, à cultura, à sociedade, ao grupo familiar... a que pertence. Mas nenhum destes significados está fincado nele. Os significados nunca estão *na coisa*, mas no nosso *mundo humano*, na trama de significados que é o mundo mesmo. Arendt fala que nada do que aparece aparece sozinho, nada tem uma aparência no singular, porque a pluralidade é a lei da Terra. E isto significa que a pluralidade não está na coisa, mas no nosso próprio modo de ser (o ontológico coexistir determinando o conhecer, sua possibilidade) e é para a pluralidade que as coisas aparecem. Os entes aparecem para os homens, e unicamente para eles.

Em si mesmas as coisas não são coisa alguma. Elas só são o que são porque podem acoplar múltiplos significados que não lhes são intrinsecamente inerentes, mas lhes vêm desde o mundo, dos relacionamentos interpessoais. É esse modo de ser dos homens, interagindo uns com os outros no mundo, que se oferece como a origem do ser dos entes.

Sem significados as coisas são vazias, embora patentes. As coisas não são meros troços em si e por si mesmas, mas são aquilo que elas significam e como elas realizam esta significação. A aparência como pura aparência nos é absolutamente incompreensível. Uma mesma cadeira, na medida em que é útil para alguém e inútil para outra pessoa, já se manifesta como duas coisas diferentes, ainda que não deixe de ser cadeira, ainda que não tenha perdido sua substância, sua identidade.

Nesta perspectiva, o significado de cada coisa, articulado pelas palavras, podemos dizer, é descoberto e não atribuído às coisas pelos homens. No Gênesis se diz, por exemplo, que "Deus chamou ao homem e pediu a ele que desse às coisas o seu verdadeiro nome". Como uma palavra expressa o que uma coisa verdadeiramente é? Onde ela vai buscar a verdade do ser de um ente?

Por exemplo, para que um objeto que conhecemos pelo nome de "óculos" seja o que ele é, um par de óculos, depende de um apoio num modo de ser do homem no mundo que faça sentido para ele. A relação visual com o mundo, vê-lo, faz parte de um modo de se ser-no-mundo como homens. Mas ser-no-mundo como homens, no caso do ver o mundo, não é apenas uma forma de enxergar, senão de perscrutá-lo, de se locomover nele, de apreciá-lo... Assim, no caso, melhorar a visão do mundo é uma maneira de se habitá-lo e de se poder alterar continuamente a forma e a direção desta habitação. Faz sentido habitar o mundo intervindo nele, inclusive através da visão do mundo. Assim, a possibilidade da construção de um instrumento que possa intervir nessa visão é um sentido que propicia e promove a fabricação, o comércio, o uso... de um par de óculos. Esta trama articulada é a rede significativa que sustenta (no ocultamente, sem ser tematizada) todas as relações com essa coisa chamada óculos, inclusive a de reconhecê-lo como objeto presente (aparente) no mundo vivido. Nenhum significado, através da sua nomeação, foi posto simplesmente na coisa óculos, mas, com esse nome e a aparência do nomeado, emerge diante do homem (mesmo que veladamente para a consciência) toda a trama significativa desde a qual e somente através da qual essa coisa chamada óculos pode ter sua presença, sua fabricação, sua aparência neste mundo e, portanto, seu significado peculiar.

Assim, a coisa tem significado e seu ser originados de um modo de se ser no mundo. Um modo de ser que força a produção dos artefatos, que toma lugar no mundo através deles e, ao mesmo tempo, para se manter aí e garantir sua aparência, toma palavra, som, combinação de sons e letras de uma língua; ganha fala.

Quando nos referimos à ótica da metafísica, falamos de como a verdade do ser *aparece* para ela. A metafísica, quando recusa a aparência do ente como lugar de apresentação de seu ser, está recusando apenas a mutabilidade, a diversidade e a degenerescência dos entes sensíveis; isto é, recusa os modos pelos quais os entes aparecem no mundo. A metafísica também requer a *aparência* dos entes, mas uma aparência cuja patência seja a da permanência, da estabilidade, da unicidade, da incorruptibilidade. E é este tipo de aparência que ela constrói e instaura no e pelo conceito, pela *representação*.

O que a metafísica pensa ser um defeito de exibição do ser dos entes a fenomenologia considera como modo de ser positivo dos entes. Modo co-determinado pelo modo mesmo do homem ser-no-mundo-lidando-com-as-coisas-falando-com-os-outros, como Heidegger indica em *Ser e Tempo*. Em outras palavras, para o pensamento fenomenológico o problema do ser evadiu-se do âmbito do conceito para genuinamente apresentar-se no âmbito da existência. Enquanto para a metafísica o problema do ser é um problema conceitual, e é tratado como tal, para a fenomenologia, diversamente, o problema *do* ser é um problema *de* ser, isto é, existencial.

E é à existência que a significação pertence. Nunca às

coisas nelas mesmas. Em si mesmas as coisas não passam de meros troços. Os significados das coisas apenas são, à medida que mantêm e estabelecem a ligação dos homens entre si e com o mundo. Portanto, para a metafísica, o ser (substância, identidade) das coisas está nelas mesmas e, para a fenomenologia, o ser de tudo o que há está no estar sendo dos homens no mundo, falando e interagindo uns com os outros. Esta é a diferença fundamental entre ambas as orientações epistemológicas.

Por isso mesmo as coisas só existem quando aparecem para o testemunho (mesmo que virtual) dos homens. As coisas só podem ser no mundo da existência humana. E, em razão da existência humana, de seu modo de ser, elas são o que são e como são. As coisas não podem subsistir em si mesmas, por si mesmas, como materialidade ou como idéias para fora da possibilidade existencial do homem.

A fenomenologia vê como equívoco da ótica metafísica a erradicação do ser dos entes da Existência humana, porque ela acaba por acreditar ou fantasiar o mundo na sua possibilidade de independência dos homens. Inclusive para se atestar a pré-existência do mundo natural ao homem é necessário o testemunho humano, um espectador para este aparecer do mundo em seu ser precedente ao homem.

Sem o testemunho[1] humano, as coisas se esfacelam em seu ser. A percepção por um cãozinho de seu dono, por exemplo, não tem o caráter ou a natureza de um testemunho, porque ele é incapaz de convertê-lo num registro para outros. Essa percepção é um mero reconhecimento, porque não produz nenhuma inscrição histórica do indivíduo em questão.

Quando as coisas aparecem, elas estão brotando de um modo de se ser no mundo. Aquele desde onde as coisas alcançam seu aparecer significativo e é desde aí que as palavras brotam. Através das palavras (ditas e ouvidas, expressas

---

1 – Essa questão do testemunho na relação com a realidade das coisas será abordada no Capítulo IV deste trabalho, pp. 73 e ss.

e testemunhadas), então, as coisas chegam à sua plena aparência, chegam propriamente a ser e a serem reais.

Para a fenomenologia, reiterando, o ser dos entes que ela busca conhecer se mostra através dos entes; não está por trás do que se manifesta, mas coincide com sua própria manifestação. O ser está no manifesto, nos entes, na totalidade dos entes. Mas estes entes são apreendidos como entes ou coisas *no mundo* e não como coisas *em si*. Só assim o ser se torna acessível: não pertence à coisa como seu próprio atributo, mas a uma trama de relações significativas que a precede e sustenta.

A metafísica desvia-se deste significado existencial da coisa, indo na direção de seu significado substancial (conceito), tornando o conceito do ser dos entes no ser mesmo dos entes. A fenomenologia, ao contrário, está tentando encontrar o ser na trama existencial do ser-no-mundo, na sua trama de significações que se tece no jogo do mundo.

Desde tal perspectiva, a fenomenologia também nos diz, por um lado, que os atributos genéricos e específicos de um ente, alocados no seu conceito, não são seu ser; por outro, que estes atributos substanciais não são capazes de nos dar a *diferença essencial* entre todos os entes.

A metafísica, por sua noção de ser (como atributos substanciais dos entes), iguala, no conceito, tudo o que existe. Para ela, todos os entes *são* entes à medida que podem ser decodificados, definidos em termos de suas qualidades essenciais, substanciais, formais.

Para se explicitar a prévia compreensão fenomenológica de ser, apanhar as coisas na sua diferença ontológica é fundamental. É nesta diferença ontológica que se estabelece e origina a interpretação existencial do ser. Sem esta diferenciação o ser permanece sendo substância representável.

A fenomenologia quer captar o ser dos entes a partir da sua especificidade ontológica: isto é, compreender tudo o que há em seu *o que é e como é* através das suas próprias possibilidades de realização de seu ser; através das possibilidades que as diferentes espécies de entes têm para manifestarem-se. Aqui há uma diferença capital entre a postura metafísica e a fenomenológica.

Os homens e os demais entes da natureza não são - não aparecem, não se manifestam – da mesma maneira. Há uma forma de manifestar-se que pertence aos homens e que não pertence, por exemplo, às pedras ou aos camaleões. O ser dos entes reside nessa diferença ontológica de manifestação. Diferença, repetimos, que a metafísica desfaz ou suprime, fazendo com que tudo o que há seja passível de uma e mesma forma de contemplação e definição. O ser está nos entes como um poder de se manifestarem. Nos homens, seu ser está, revela-se, torna-se acessível nos seus *modos-de-ser em relação ao próprio ser*. Os elementos da natureza e os entes que não são humanos não têm possibilidade de virem-a-ser eles mesmos, isto é, de interferirem no seu vir-a-ser, mas só podem ser de uma única maneira. Por exemplo, a um abacateiro não foi dado ser podendo caminhar, ou podendo escolher entre gerar abacates ou laranjas; e às abelhas não foi dado ser podendo entender o que fazem de tal maneira que possam atuar sobre seu fazer modificando-o, facilitando-o, processualizando-o, registrando-o etc. Já os homens modalizam seu ser em inúmeras possibilidades. O ser não lhes é dado como algo definitivo e determinado, mas como um feixe de possibilidades.

Nesta condição ontológica, em que a vida lhes foi dada, de modalizar seu ser em infinitas possibilidades, está a diferença ontológica essencial entre os homens e os demais entes. Diferença entre o *aparecer* próprio aos homens e o *aparecer* peculiar aos outros entes.

Esta diferença ontológica indica que o único ente que se dá conta do ser – de si mesmo, das coisas, da natureza; que estas coisas são e ele mesmo é; de que há uma diferença entre ele e os demais entes – é o homem. Nenhum outro ente tem esta possibilidade de compreender o ser, o aparecer, a manifestação. E é esta condição de perceber ser que lança o homem na possibilidade de modalização de seu ser. A múltipla diversidade de modos de habitar o mundo, que os homens instalaram desde sua presença na Terra, mostra o ser dos homens como este poder de perceber e modalizar a realização de seu ser.

Portanto, e desta perspectiva, para o homem *ser* não é apenas uma possibilidade de manifestar-se, de aparecer modalizando seu próprio aparecer, mas ser é, também, uma *questão*. Ser, para o homem, é um problema, algo em litígio e a ser resolvido para diante, sempre. Ser nunca é algo que lhe é entregue já resolvido, como no caso de ser pedra, ser águia, ser roseira. O pensar fenomenológico vai, então, buscar e encontrar o ser na questão que ser se torna para o homem. Ainda que haja uma coincidência entre ser e aparência, todos os demais entes nunca são o que são de forma tácita, indiscutível. Os entes em geral são arrebatados por este modo de ser dos homens. Não que eles, os outros entes, tenham que resolver seu ser, mas os homens têm, inclusive, que resolver o que eles são, o ser dos entes, indefinidamente. Tudo o que é aparece como problemático em seu estar sendo, em sua aparência, em sua manifestação. Perceber o ser – seu próprio e dos demais entes –, como manifestação, é percebê-lo como algo que é *para si mesmo* e lhe é problemático, que lhe é dado como questão, como algo não transparente e definitivo.

Ao dar-se conta do ser (como o possível em aberto e litigiosamente à sua frente), o homem percebe que *tem que dar conta de ser*, que ser está sob sua responsabilidade. Percebendo o ser, o homem toma o ser para si como algo de que tem que cuidar. Põe o ser sob seus cuidados. Isto faz parte da ontologia humana. É assim que ser é entregue ao homem, e em três dimensões:

– *Como sua propriedade*: sendo e percebendo ser, o homem tem que dar conta, tem que responder pelo ser. Se o ser acontece no homem como sua *possibilidade*, ele tem que transformar esta possibilidade no seu acontecimento. Ser não é apenas uma doação, mas o resultado de um trabalho sobre esta.

– *Como sua facticidade*: o homem está entregue a ser, não pode se recusar a ser. Mesmo a negação radical de ter que ser cuidando de ser, como o suicídio, é uma forma ou um modo de o homem estar respondendo ao ser que lhe é entregue.

– *Como horizonte*: ser é sempre uma *possibilidade* lançada à sua frente a ser realizada. Ser não se finaliza com qualquer conquista ou gesto, mas com o morrer de cada homem que é. O horizonte do ser está determinado pelo horizonte do morrer. Ser é uma projeção. Uma questão inesgotavelmente sob resolução, sob resposta. Isto também quer dizer que, ao ser dado ao homem como projeção, como possibilidade em aberto à sua frente, o ser tem como seu horizonte o tempo. Ser, sendo projeção, é temporal. O homem é, sendo um tempo que se esgota, um intervalo entre seu nascer e seu morrer, que se emprega, que se empenha, que se reserva, que se omite, enquanto vive.

Um exemplo: o ser é dado ao homem, entre outras condições, como vida biológica, aparente num corpo. O corpo é de *propriedade* de cada homem – é ele, é dele – e desse corpo tem que dar conta, por ele tem que responder. O corpo/vida biológica é também sua *facticidade*. Nele foi lançado e, através dele, é lançado num mundo como *quem* ele mesmo é. Seu corpo é, ainda, sua *projeção*, aquilo de que tem que cuidar, inclusive para se manter vivo; seu corpo lhe é dado, mas é resultante, também, do seu cuidado, do que fizer com ele.

É diante desta condição ontológica de ser *cuidando de ser*, ou incrustado nela, que o sentido de ser se dá para os homens. Portanto, seu horizonte de desdobramento é a existência, enquanto temporal coexistir sendo-no-mundo de diversos modos.

O MOVIMENTO FENOMÊNICO E O FENÔMENO

Toda interrogação ou investigação do real tem por fundamento, ainda que não explicitada tematicamente, uma compreensão do que seja ser. Compreensão que embasa o pensar, a maneira de captar, de entender o que quer que seja e, assim, dá o fundamento ao que aqui nos interessa mais diretamente, uma metodologia (fenomenológica) de conhecimento. Como vimos, para a metafísica *ser* é compreendido como a substância dos entes, e é o conceito mais geral e necessário do qual todos os demais entes participam. Aparece "por trás" das coisas (ou entes), é patenciável através de um conceito (idéia ou juízo) metodologicamente construído, permanente. A *permanência*, à luz da substância dos entes, faz parte do conceito de potência. Ora, isto significa transformar o ser num outro ente, escondendo-o como ser, uma vez que encerrado naquilo que caracteriza a manifestação peculiar ao ente: solidez, perenidade, permanência de exposição.
Já para a fenomenologia há uma coincidência entre *ser e aparência*. Assim, sua intenção é aproximar o mais possível este aparecer que cada ente realiza, a fim de compreender sua

manifestação/ser a partir de seu próprio poder de manifestação (aparição/desaparição/ser). Há uma prévia compreensão de que os entes têm diferentes poderes de manifestação, em que reside sua diferença ontológica. Ser só pode ser compreendido se apreendido, percebido, revelado, no horizonte e na ordem existencial. Na existência, através da existência é que as coisas são e chegam a ser o que são e como são.

A fenomenologia não está, então, à procura de nenhum ser previamente interpretado como substância, como identidade substancial/conceitual dos entes. O ser, para ela, está no *como os* entes aparecem, e esta aparência nada tem a ver com a face de fisicidade das coisas, com sua tangibilidade, o que a assemelharia com o que Aristóteles chama *acidentes* de um ente. Buscado para fora ou para aquém e além de seu conceito, o ser só pode ser apanhado no âmbito da existência. Trata-se, pois, de buscar a existência mesma e perscrutar nela a compreensão do ser.

Ser e existência, para a fenomenologia, coincidem. Ser é questão e tarefa para o homem, enquanto ele existe. Tudo o que aparece para o homem aparece-lhe através de sua própria condição de ser-no-mundo. Portanto, jamais como mera presença.

Não há, nesta ordem, nem o ser em si, nem o ente em si, ou nenhuma consciência em si, mas o ser tal qual ele se põe como questão, como tarefa no existir humano. Ser aparece para o homem, digamos assim, na dimensão de uma expressão verbal e não como um substantivo (o ser), que o próprio homem conjuga enquanto existe. O homem não percebe ser como algo fora de si mesmo, mas através de si mesmo, porque é ele que realiza ser. Ser, para o homem, é sua mais própria e peculiar possibilidade, em acontecimento, desde seu nascer até seu morrer.

Como já indicamos no capítulo anterior, percebendo ser através da sua própria possibilidade de ser o homem reconhece esta possibilidade em três dimensões: como sua *propriedade* (ser lhe pertence, ele é nomeado – leva seu nome – e está sob sua custódia; não cuidar de ser é deixar de ser como homem); como *facticidade* (ele é lançado, não escolhe ser como quem é, onde, em que lugar e tempo...; não escolhe, inclusive, sua condição de humanidade); como *projeção* (ser é vir-a-ser e o seu fim é dado pelo horizonte do morrer. Também não é deterministicamente dado, está sempre à frente como o que está para ser realizado).

Antes, portanto, de se tornar um dado conceitual, ser é uma possibilidade existencial; e coincide com as condições do existir. Ser só aparece no horizonte do tempo, da vida, nesse intervalo entre o nascer e o morrer. Por isso mesmo o ser jamais pode ser afixado em qualquer esquema estável, imutável, controlável.

Aparecendo no horizonte do tempo, do viver, ser é um apelo que convoca a ser compreendido em seu próprio *destinar-se*. Daí que, e isto é importante explicitar, este mesmo destinar-se do ser, este destinar-se do existir acaba por estabelecer-se como aquilo que é o buscado pela fenomenologia existencial. O *destinar-se* do ser é o que podemos nomear como o *sentido de ser*. Tomamos neste estudo, portanto, o termo *sentido* não como expressão sinônima de *significação*. Sentido é, para nós, o mesmo que *destino, rumo, a direção* do existir.

O Movimento Circular do Aparecer

Ser aparece para o homem durante sua própria existência como *sentido* de seu próprio ser-no-mundo. Mas é constitutivo deste sentido evadir-se para algum ocultamento, de onde ele provoca o homem a desocultá-lo.

É necessário, então, para compreendermos como a fenomenologia pré-compreende ser, explicitar o elemento constitutivo de ser que é o seu *modo* de vir à presença, de sair do ocultamente e de voltar a ele.

Este aspecto é importante porque funda a peculiaridade da metafísica e da fenomenologia em seu empreender-se. Da primeira, como a que vê ser desde uma pretendida patência.

Da segunda, como aquela que vê ser nesse inesgotável circuito de mostrar-se e esconder-se.

Nesta permanência e nesta circularidade da manifestação do ser dos entes (ou dos entes em seu ser), temos o eixo para a formulação dos procedimentos da investigação e análise de ambas as posturas epistemológicas.

A Analítica do Sentido deve poder apreender, distinguir, expressar aquilo que busca compreender, para além de sua tradicional face objética, e compreendê-lo em sua face fenomênica. Deve poder interrogar o ente sem retirá-lo de seu movimento fenomênico.

É importante, então, começarmos pela questão: Como as coisas aparecem?

O aparecer dos entes[1]

Ente é tudo o que é, o que tem manifestação (uma pedra, um carro, uma emoção, idéia, ocorrência...). E manifestação é uma exposição, um mostrar-se do ente, um trazer-se à luz para um olhar.

Quando o ente se põe à luz, ele torna visível ou mostra o *que ele é e como ele é*. Quando um ente se manifesta, portanto, ele se põe à luz em seu ser. E a diferença ontológica entre os entes está na sua possibilidade peculiar de manifestação.

A diferença ontológica entre o ente homem e todos os demais entes está dada por sua possibilidade de perceber a manifestação mesma e seu desdobramento; o que é vedado aos outros entes. Faz parte constitutiva desta percepção o gesto de pôr o percebido sob seus próprios cuidados. O homem se manifesta compreendendo a manifestação (sua e dos demais entes) e, simultaneamente, pondo a manifestação e o manifesto sob sua custódia, sob sua responsabilidade.

---

1 – Essa questão é tratada por Heidegger ([1927] 1974); cf. Introdução e capítulo II, § 7A, pp. 39-42.

Tudo o que é percebido pelo homem, tudo o que cai na sua percepção não pode mais sair de seus cuidados, o que significa, inclusive, afastar para longe dos cuidados.² A metafísica passa por cima desta diferença ontológica quando desvia o seu olhar da questão mesma da existência. Através da substancialização do ser, os entes se nivelam, porque todos são racionalizáveis sob a forma de sujeitos com seus predicados (suas qualidades genéricas e específicas). A questão ontológica do *cuidado* é retirada para fora de seu horizonte, de sua perspectiva. Substantivadas, o mesmo que dizer entificadas, as coisas podem ser alocadas num conceito, sobre elas se pode ter toda classificação, controle, cálculo. A metafísica reduz a diferença ontológica a uma diferença conceitual.

O resgate das coisas mesmas em seu ser só pode ser realizado sobre esta superação do limite metafísico em que, sobretudo, se supõe que a noção dos entes "é" seu próprio ser. A noção das qualidades essenciais de um ente é apenas a noção das qualidades essenciais de um ente, e não o seu ser. É preciso sair do alcance metafísico que nos leva até o real reduzido à condição de objeto empírico. Mais, é preciso superar a crença de que a representação do real seja *mais real*, mais verdadeira do que o próprio real.

As coisas poderiam se apresentar à compreensão humana num outro modo que não o de objetos (empíricos)?

Os entes não são objéticos, são fenomênicos. Fenômeno (de onde a fenomenologia também retira seu nome) é o ente mostrando-se. E ente nenhum *pode ser* se não realizar esta condição.

Os entes mostram-se como fenômenos, fenomenicamente.

A possibilidade de dizer que os entes se mostram fenome-

---

2 – Em Ser e Tempo Heidegger aborda direta e especialmente essa questão do cuidado, à medida que toma este modo de ser (cuidando) como o ser mesmo do ente homem. Esta perspectiva corrobora a indicação inicial da mesma obra em que se afirma que a existência é a essência do homem (Dasein). Veja-se, também, neste trabalho, cap. VI.

nicamente depende do modo como o homem pode ver as coisas – mostrando-se e escondendo-se. Tudo o que se mostra não permanece aberto em seu desocultamento, nem unicamente mostra sua face desocultada apenas, mas, também, mostra o que de si mesmo está oculto. Se não fosse assim, jamais teríamos dúvidas a respeito do que são as coisas e não levaríamos milênios nos ocupando da mesma tentativa de esclarecimento.

Faz parte, então, do modo fenomênico do mostrar-se dos entes trazer à luz em que se põem, na própria obscuridade. O pôr-se à luz é, simultaneamente, ocultar-se. O que é isto, este mostrar-se e ocultar-se? O que é manifestação e ocultamento?

Este mostrar-se e ocultar-se não pertence simplesmente às coisas, mas ao jogo do mostrar-se ao qual pertencem também os homens, pois tudo o que se mostra, necessariamente, *mostra-se a um olhar compreensivo*. E poder perceber o que se mostra faz parte do próprio ser homens, de seu modo de manifestação.

Heidegger ([1927] 1974) diz que um ente mostra-se desde si mesmo, de forma a mostrar o que e como ele é e, também, de forma a *mostrar o que e como* ele não é.

Este *mostrar-se como o que e como ele não é* é um modo do ente mostrar-se em seu ocultamento. Tanto o mostrar-se em seu ocultamento como o mostrar-se como o que algo é são formas do ente trazer-se à luz, de exibir-se a si mesmo. São ambos modos da aparição dos entes,[3] seus modos de aparência.

Arendt fala-nos que as aparências têm a função de emprestar aos entes um certo corpo de manifestação, ao mesmo tempo que de desfigurar, disfarçar e ocultar o que se mostra. Ocultando o que se põe à luz, as aparências, inclusive, levariam adiante uma terceira função, que é a de proteger o que se mostra (a exemplo da pele do corpo em relação aos órgãos

---

3 – Ver também, sobre o tema, Heidegger ([1957b] 1960) e ([1966] 1972).

internos; assim como uma bandeira, que exibe a pátria e também a protege de uma exposição).

A condição de ocultar, que têm as aparências, foi tida pela metafísica como algo que atrapalha, que impede o aparecimento pleno dos entes. Portanto, foi considerada como sede do erro, do desvio, e que precisa ser eliminada para que a coisa possa mostrar-se. Essa percepção de que toda aparência tem essa dupla função de exibir e ocultar, e de ocultar escondendo e protegendo, são dimensões que não têm lugar na postura ou na ótica metafísica, pois sua necessidade da patência/permanência da face manifesta do ente exige o afastamento do ocultamento, mesmo se ele fizer parte do mostrar-se dos entes.

Como já dissemos anteriormente, esse ininterrupto movimento do mostrar-se e esconder-se dos entes só pode ter parada no conceito que o representa, na sua representação. Mas, a despeito desta tentativa representativa de paralisação do que o ente mostra a seu respeito, o ente em seu ser continua sua dinâmica peculiar. E, sendo ele mesmo, pode manifestar-se a si mesmo de diferentes maneiras, a diferentes olhares.

Uma ameixeira, por exemplo, jamais deixa de ser uma ameixeira (sua identidade, seu ser do ponto de vista da metafísica), mas o que e como ela é (do ponto de vista fenomenológico) estão dependendo do jogo do mostrar-se para um olhar-no-mundo. Um homem cansado descobre a ameixeira na sua possibilidade de lugar de descanso; o madeireiro vê nela a madeira, o material para seu trabalho; uma doceira vê na ameixeira uma fonte quiçá inesgotável para seus doces e alimentação. Ora, a mesma ameixeira para cada um destes homens é uma coisa diferente. Se se quiser fazer recair seu ser no seu conceito essencial, dizendo que ela é uma árvore, da família das..., que dá um fruto "x" etc., estar-se-á lidando apenas com seu conceito mais formal, universal e genérico (a de um sujeito/substantivo com seus predicados). Mas, se a ameixeira nos mostrar seu ser no horizonte existencial, tendo o ser-no-mundo como seu lugar originário de manifestação, veremos que o ser, seu ser, varia incessantemente. A coisa mostra-se no horizonte existencial; só ali ela pode ser o que ela é.

O que as coisas são não está nelas mesmas, em si mesmas, mas nesta relação inextirpável entre um olhar e a coisa. Os entes manifestam-se em seu ser através do Logos (expressão que Heidegger retira do pensamento grego antigo, derivado do verbo legein e que quer dizer *recolher e expressar o que se mostra*. Logos é, também, a segunda expressão donde a fenomenologia retira sua denominação).

O olhar (Logos) não é individual, exclusivo a um indivíduo. Ainda que seja o indivíduo concreto quem olha e vê, seu olhar é composto por todo o referencial das relações significativas do mundo em que habita. Se a ameixeira, no caso, é vista pela doceira sob a possibilidade dos seus frutos, para serem transformados em compota, armazenada de tal ou qual maneira, que será vendida neste ou naquele esquema de comércio..., a doceira estará compreendendo a utilidade da ameixeira não por obra de sua própria consciência ou da capacidade lógico-calculadora de sua razão, mas desde as regras de utilização, manuseio, troca, venda, consumo do mundo onde ela mesma vive. É o mundo vivido que abre a chance de o indivíduo, inclusive, perceber a mera existência da ameixeira e referir-se a ela como tal.

Assim esta ameixeira não foi vista ela mesma como coisa em si, mas vista desde um mundo onde ela pode ganhar alguma iluminação.

É no jogo do ser-no-mundo,[4] nessa totalidade, que se forma a possibilidade de todo aparecer. Portanto, ser. O trazer-se

---

4 – Esse jogo nada tem a ver com a dialética, pois não se está falando de nenhum confronto antitético entre uma tese e sua antítese, ou como se o que se mostra fosse uma tese e o ocultar-se fosse sua antítese. Nem mesmo estamos falando de um olhar que funciona como mediador desse confronto, através do qual se chega a uma terceira coisa, uma nova tese. O mostrar-se e esconder-se não é algo que funciona como oposição, mas como simultaneidade de possibilidades de mostrar-se e ser das coisas na existência.

à luz dos entes é resultado deste jogo de manifestação. Os olhares culturais, sociais, psicológicos, situacionais, circunstanciais, civilizacionais familiares, emocionais, entre outros, fazem parte deste jogo iluminador, sendo a própria luz na qual as coisas aparecem, para a que se trazem. A postura metafísica extirpa a coisa deste jogo, sob a interpretação de que tal ser-no-mundo é causa de sua desfiguração.

Mostrando-se para um olhar, a coisa mostra-se como o *que é e como o que não é*. A coisa ou o ente mostra-se como o que é quando, a seguir nosso exemplo, se expõe como uma ameixeira. E mostra-se como *o que não é*, quando se mostra sob um ocultamento. Heidegger fala de três possibilidades deste mostrar-se segundo um ocultamento: *o parecer ser, a aparência e a mera aparência*.

a) O parecer ser
Chamamos ilusão de ótica, por exemplo, aquele modo em que a coisa *parece ser* de um jeito, mas a aproximação e/ou a atenção revelam-na diferente. Exemplo, a sombra projetada no asfalto, que parece ser um buraco. Olhando para a sombra, não se a vê como sombra, mas como buraco. O parecer ser, aqui, da sombra, como se fosse um buraco só se revela depois de se ter visto a coisa de outro modo, quer dizer, o buraco como sombra projetada sobre o asfalto. Antes de uma revisão, digamos assim, a sombra não *parecia ser* uma sombra, mas era, *realmente*, um buraco.

O que *realmente a coisa é* em seu parecer ser gera uma série de ações e novas realidades; em relação a ela, age-se provocando uma reação em cadeia. O *parecer ser* de algo constitui a face real das coisas. A própria ciência progride em função de se descobrir que o que se sabia de algo era apenas o que esse algo parecia ser, e só olhando-se de outro ângulo pode ser visto (revisto), então, como o parecer ser de algo, como um engano.

A ótica metafísica faz um enorme esforço para eliminar o parecer ser das coisas, identificando-o como sua falsidade. Isto só é possível no jogo isolante e excludente do conceito.

E mesmo assim não é possível eliminar-se da história tudo o que se empreendeu, criou, decidiu, quando o parecer ser de algo não era, senão, sua realidade.

Certamente, o *parecer ser* de algo é um modo em que o ente se mostra e oculta e será substituído não por alguma percepção definitiva e cabal, mas por outro parecer ser.

b) A aparência
Sob a expressão *aparência* reúnem-se o que conhecemos por signos, sintomas, ícones, símbolos, fetiches. Entes que se mostram a si mesmos, mas, através de si mesmos, mostram outros entes que, por si mesmos, não podem se mostrar. Por exemplo: o beijo mostra o amor; a bandeira mostra a pátria; a imagem do santo, que não é o próprio santo, o torna presente.

A bandeira, à guisa de explicitação, é algo, é um ente ela mesma. Para mostrar a pátria ela precisa mostrar a si mesma, mas, ao mesmo tempo, precisa esconder-se como bandeira. Olhar a bandeira como bandeira é perder de vista a pátria. Ver a pátria na bandeira é perder de vista a bandeira mesma.

Por que falamos nos signos, sintomas, símbolos... como *aparência*? Porque *eles aparecem*, mas são o corpo e o modo de aparência de outros entes que não podem, por si mesmos, aparecer.

A *aparência* é um outro modo do ente mostrar-se através do ocultamento. Diferente do *parecer ser*, que mais se assemelha à nossa noção corriqueira de equívoco, por exemplo, o símbolo, o ícone, o sintoma não supõem um nível de equivocidade, ao menos imediata. A aparência mostra e protege aquilo que através dela se mostra. O fetiche, por exemplo, mostra a divindade, torna-a presente, mas a resguarda, protege-a do desgaste do toque, da destruição, do controle, da profanação, da submissão a um poder menor que o seu, o humano.

Também as emoções precisam da aparência de outro ente para se manifestarem, como os gestos, o brilho do olhar, o tom de voz.

c) A mera aparência
Trata-se da aparência falsa de algo, mas que se mostra especificamente em sua falsidade. Fala-se em *mera aparência* quando algo é aparência para algo que não vai aparecer. Quando algo é apenas uma simulação, e perceptível como simulação. Assim como o ouro falso, dólar falso, como um *outdoor* que anuncia, por exemplo, o cigarro, mas o cigarro não comparece, de fato, nele. Outras formas: sob uma luz vermelha alguém parece estar com febre; ou ainda as fofocas, os boatos. O *kitsch* também pode ser visto como mera *aparência*: um pingüim de louça sobre a geladeira, simulando um pingüim real sobre um bloco de gelo.

Um anúncio é apenas a *mera aparência* de algo que ele anuncia e não terá presença. Discursos políticos são forjados com a preocupação de tomar presente algo que jamais se apresentará. Promessas que não prometem o que prometem (a promessa mesma tem estrutura de ser mera aparência, porque nada há que force seu cumprimento; ou a clareza, a nitidez do que prometem nunca é aparente, ou ainda, é aparente como nebuloso).[5] Uma fruta de plástico é uma autêntica fruta de plástico, mas uma falsa fruta, uma *mera aparência* de fruta autêntica.

A *mera aparência* é o enganoso visto desde sempre já como enganoso, e sua condição de aparecer é exclusivamente essa.

Estes três níveis de ocultamento podem estar no mostrar-se de um mesmo ente; ou os dois modos num ente, ou, também, podem intercambiar-se. Normalmente, intercambiam-se durante toda a duração de um ente em sua manifestação.

Mesmo, por exemplo, quando algo já não é o que *pareceu ser,* não é a *aparência* que foi, não tem mais a mera aparência que teve, não deixa de estar ligado a este universo de aparências em que se apresentou. Uma pata de coelho, por exemplo, quando já não mais parece ser um elemento de sorte, quando

---

5 – Sobre essa questão da promessa, veja Critelli (1992).

também deixou de ser o ícone ou a aparência para a sorte que ronda e se desmistifica, quando não traz mais a sorte que ela parecia trazer, tornando-se, desde então, mero troço, mera pata de coelho, não deixa de acoplar seus anteriores significados como *aquilo que ela já não é mais*. Seus modos de aparecer permanecem ali, tendo sido, mas continuam aparecendo como modos – já sidos – de seu mostrar-se/ocultar-se. Portanto, ser e aparência coincidem. Este aparecer de que falamos na fenomenologia é o que se apresenta no jogo do ser-no-mundo, no jogo do ente trazer-se à luz neste fenomênico mostrar-se para um olhar e, então, ser o que nesta luz se mostra e o que a esta luz se oculta.

Esta compreensão nos leva, então (e contra a metafísica), a perguntar: onde está a efetiva separação entre *sujeito e objeto*? Entre a consciência e a coisa? Entre o *ser e o pensar*?

Esta dimensão fenomênica do aparecer dos entes não se funda em nenhuma "relação cognitiva", muito embora nenhuma atividade "cognitiva" possa descartá-la. A coisa, o ente mesmo, é resultante deste movimento fenomênico. Um movimento que funda a possibilidade do aparecer dos entes e que não se torna um movimento depois da aparição do ente ou provocado por ele.

O jogo do ser-no-mundo, em que a coisa e o olhar se encontram, é um movimento primordial, origem do próprio aparecer da coisa e do acontecimento do olhar. E não se deve entender o contrário, a saber, que possa haver a coisa em si e a consciência (ou o olhar) em si, que, só depois de se manifestarem, juntam-se, fazendo ocorrer o conhecimento. Nesse jogo do ser-no-mundo é que se fazem os entes e o olhar.

À medida que busca a patência do ser dos entes, a metafísica, em sua história no Ocidente, reduziu o ser a ente e, posteriormente, reduziu-o ainda mais sob o aspecto de objeto empírico. Sem procurar a patência dos entes, o que considera ilusória, a fenomenologia é esse olhar que acompanha o ente em seu mostrar-se/ocultar-se. Por isso, para ela o ente é fenômeno.

Coisa alguma pode, de si mesma, mostrar-se na sua totalidade, na sua inteireza, na sua patência definitiva. Isto, também, porque a coisa se mostra, sempre, para *um certo olhar*. Todo olhar vê somente aquilo que está exposto à luz, e não vê aquilo que o ente apresenta de si sob o escuro, ocultado. É a isto que se refere a *intencionalidade da consciência*. Sem esse encontro do olhar e do mostrar-se do ente é impossível a própria manifestação. Para a metafísica, que tem como supostas a existência de uma coisa em si e de uma consciência em si, há uma efetiva separação entre consciência e coisa. E sobre tal separação estabelece o circuito do conhecimento, a existência e a relação entre sujeito e objeto.

Nesta ótica, o conhecimento metafísico supõe que as coisas têm, ou carregam em si mesmas, características estáveis que, ao pensar (Razão, Cogito), cabe encontrar. Não encontrar estas características nos levaria a supor um erro do próprio pensar. As coisas não teriam mistério nenhum e o conhecimento seria o resultante de uma progressão na capacidade da própria razão. Não é senão sob este suposto que Comte desenvolve a sua concepção da História, cuja última fase seria a positiva ou científica, em que tudo o que há não mais se apresentaria a nós sob nenhuma obscuridade.

Para a fenomenologia, a misteriosidade do ente e do pensar é dado constitutivo do próprio conhecimento. Além do que, todo mostrar-se é sempre um mostrar-se do próprio entrelaçamento em que se amalgamam a coisa e o olhar. Para a fenomenologia o ser, assim, não está na coisa, mas na trama de significados que vão se articulando entre os homens, articulando os homens entre si e com a própria coisa. É neste entrelaçamento entre os homens, no seu falar a respeito do mundo e no seu relacionar-se com todas as coisas, que um ente ganha a possibilidade de ser aquilo que é e como é. E ganha, também, a possibilidade de deixar de ser o que e como é, embora o ente, a coisa mesma, não desapareça.

Em vista deste entrelaçamento podemos falar do ininterrupto mostrar-se fenomênico das coisas que são. Os objetos culturais, por exemplo, deixam de ser o que são e como são em certa época e em certa cultura, para virem a ser, em outras épocas e culturas, outras coisas, isto é, modificam-se radicalmente em seu ser. Uma urna mortuária, para a cultura inca, pode tornar-se um mero vaso decorando uma sala para um brasileiro, saiba ele ou não que aquele vaso *já tenha sido* uma urna mortuária. A urna não deixou de ter presença, mas *o que e como* ela é mudou. Seu ser mudou, porque o ser não está grudado na coisa, porque a coisa não é *em si*.

Mas esta mesma coisa, que já foi efetivamente urna mortuária e que agora é um vaso, também tem a modificação cotidiana de seu ser, num estar constantemente aparecendo para alguém, fenomenicamente – *no seu parecer ser, na sua aparência e como mera aparência*.

Essa urna pode aparecer como um presente dado por uma pessoa querida; e, neste ser um presente, guarda, conserva nela a memória de uma série de fatos vividos com tal pessoa. Assim, o vaso torna-se, também, outra coisa, tal como um símbolo ou ícone de uma relação. Ou ainda, uma mancha de sujeira, que parecia ser uma rachadura no vaso, faz parecer que, assim, ele é um vaso imprestável e sem valor. Mais, o vaso, que parecia ser uma urna mortuária genuína, não passa de uma imitação, tem a mera aparência de uma urna mortuária autêntica.

Estas modificações estão no cotidiano. Sob a influência da postura *metafísica*, estamos sempre querendo retirar do ente estes elementos que o constituem, como se eles fossem determinantes da sua falsidade. A retirada destes dados fenomênicos seria uma vantagem para, então, se conhecer a coisa cientificamente. E este procedimento implica, em verdade, uma perda do fenômeno. É exatamente diante deste quadro fenomênico que se constitui o modelo ontológico. Assim, ao invés de limparmos o terreno desses elementos de fenomenalidade, contamos com eles para conhecer: realmente as coisas em seu ser.

A coexistência (o ser-com-os-outros) como modo fundamental do aparecer

Retomemos uma questão importante. Quando falamos em contar com a fenomenicidade do mostrar-se como ponto base do conhecimento, falamos em uma requisição para se colocar o ontológico *modo do homem ser-no-mundo* como o regente mesmo de todo movimento de conhecer (método). O modo fenomênico de compreender, que é condição na qual a vida foi dada ao homem, é determinante de toda possibilidade ôntica de fórmulas para o conhecer que, historicamente, o homem pode constituir (inclusive a metafísica).

Ao homem, é-lhe dado (ontologicamente) ser como *compreensão do ser*.[6]

Ao homem, são-lhe dados o poder, a possibilidade de compreender. Esta possibilidade de compreensão está originariamente determinada por outras condições ontológicas que devem sempre ser levadas em conta para o exame de qualquer orientação epistemológica e suas derivações teóricas e metodológicas. Entre elas, destacamos aqui a *coexistência*.[7]

Estas condições ontológicas, nas quais a vida é dada ao homem, como já dissemos anteriormente, lhe são dadas como *possibilidades* (sua propriedade, facticidade e projeção) que, durante e no final da vida de cada homem, transformam-se em *acontecimentos* (que cada homem torna próprios ou não). O ser *possível,* sob a ação de alguém, constitui-se num *resultado.* E este resultado nos abrirá, então, a porta para o conhecimento de quem, aquele que o empreendeu, é ou foi. Através de cada homem, a vida será uma resultante diferente.

Quem alguém é não se constitui como um eu individual,

---

6 – Hannah Arendt (1981 e 1993a) vai tratar dessa condição ontológica através da consideração da Vida Contemplativa. Veja-se também Heidegger (1927).

7 – Cf. Heidegger (1927). A temática será detalhada no Capítulo IV deste estudo.

pois o *quem é* um eu coexistente. Assim, no seu ser-no-mundo, a ação de cada homem, porque desdobrada sobre sua possibilidade originária de ser-com-os-outros, não é jamais individual. A produção da vida e de seu eu é uma produção coletiva, digamos assim. Os outros com quem o eu convive podem atuar tanto sobre quem o eu será, que o eu mesmo pode ser obra dos outros e não de si mesmo (ser de modo *impróprio*). Em outras palavras, pode vir-a-ser a obra conjunta de si mesmo e dos outros, mas tornando-se quem os outros desejaram (mesmo que veladamente) que o eu fosse.

Junto com os outros, o eu terá uma série de modos da existência que não vai dar muita base para que se possa distinguir esse eu dos outros. O proceder do eu será exatamente igual ao proceder dos outros. Todos os meios de comunicação vão influir muito para que todos, de forma igual, vejam e lidem com as coisas como se quer que elas pareçam ser e como se quer que elas sejam manuseadas ou tratadas.

Cotidianamente, o eu cuida da vida de modo absolutamente igual aos outros. Isto não é algo desmoralizante, porque, inclusive por isto mesmo, o eu torna-se um homem do seu tempo e lugar, da sua sociedade... Mas esta forma de ser que é o dar conta da vida como se deve dar conta da vida acaba por insuflar a construção do *quem* como *impróprio* ou *inautêntico*; impessoal.

A *impropriedade* da existência não é depreciativa do caráter de se ser homem, nem uma regra moral que durante a vida se deve tentar superar e eliminar decisivamente. Isto é uma impossibilidade, pois a condição da impropriedade é tão ontológica quanto o compreender, o coexistir... (embora as formas através das quais, concreta e historicamente, esta impropriedade se realiza sejam, ao contrário, ônticas).

A impropriedade, inclusive, é um dado revelador da ontologia humana, quer dizer, ela nos mostra, inequivocamente, que a coexistência (Heidegger) ou a *pluralidade* (Arendt) é condição na qual a vida é efetivamente dada ao homem – *sua facticidade, sua propriedade, sua projeção.*

É evidente que, ao se mencionar a possibilidade de se construir uma existência imprópria ou inautêntica, está aberta a possibilidade da construção de uma existência *própria* ou *autêntica*, aquela na qual o eu pode recuperar-se de sua impessoalidade, de sua dissolução nos outros, nos modos consagrados de se ser.

E isto, porque esse mesmo eu que *jamais é individual, mas plural*, é, também por condição ontológica, *singular*.

Arendt fala na exclusividade do eu. Nenhum antecessor ou nenhum sucessor seu pode repeti-lo. *Singularidade e pluralidade* são dimensões correlativas, porque o eu é, simultaneamente, exatamente igual a todos os outros homens e carrega em si tudo o que está presente nos outros homens.

Assim, nunca o eu pode cuidar da vida, tornando-a um acontecimento exclusivamente seu. Sua vida é um acontecimento que implica os outros. *Os outros também acontecem junto e através do eu.*

No nosso cotidiano, a existência é empreendida através de cada homem, mas é através de cada homem que os outros agem; é através do *eu* que os *outros* entram em cena. Se este eu passar a vida inteira apenas seduzido, diluído no modo de ser dos outros, ou sendo apenas um palco para a vontade, para a determinação, para a ação, para as finalidades do outros, diremos que seu ser foi realizado impropriamente (o que não quer dizer uma existência vivida de modo errado, incorreto, inadequado).

A questão da possibilidade de uma existência própria e imprópria não é, neste momento, central ao nosso esforço de delinear o modo fenomênico de aparecer dos entes. O que importa, neste momento, é apenas deixar registrado que o *olhar* de que se constitui o movimento de manifestação dos entes é constituído pelos *outros*, é plural. Não porque o homem viva em sociedade, mas, originariamente, porque a ele é dado ser como coexistente, como si mesmo e como os outros simultaneamente, como igual e exclusivo. Sendo condição ontológica do homem, a coexistência (ou a pluralidade) é condição originária, constituinte do compreender, da manifestação mesma dos entes em seu ser, daquilo que estamos enunciando como fenômeno e como movimento de fenomenização.

A indicação da coexistência como estrutural à manifestação, ao aparecer dos entes em seu ser, prepara, também, o próximo tema deste estudo, que é a construção do que chamamos de *real*, além de vir a ser melhor explicitada no que se segue.

O MOVIMENTO DE REALIZAÇÃO E A REALIDADE

O *aparecer* dos entes em seu ser é um movimento fenomênico, que consiste nos entes mostrarem-se e ocultarem-se para um olhar, segundo aquilo que eles *são* e segundo aquilo que eles *não são*. Fenômeno é o ente mesmo trazendo-se à luz de uma iluminação. Esta luz, ou iluminação em que, exclusivamente, o ente pode se expor é constituída simultaneamente pelo ente mesmo e pelo olhar que se institui como sua clareira (ou seu lugar de aparecimento). O aparecer dos entes depende dessa condição ontológica dos homens perceberem o ser e corresponderem a ele.

É de fundamental importância que não se perca de vista que o olhar humano, elemento estrutural do aparecer fenomênico do ente, é ele mesmo originariamente constituído por condições de ser (ontológicas) nas quais a vida é dada ao homem. Entre elas, no momento, importa-nos ressaltar a *pluralidade*.

Nenhum olhar é meramente individual, ainda que seja sempre o indivíduo quem vê. E isto, porque o indivíduo não é jamais um ente "solipso", mas coexistente. A coexistência é o fundamento de toda possibilidade humana de *compreen-*

der e de todas as suas formas expressas de *conhecer*, de referir-se ao que é, inclusive a si mesmo.

A coexistência (ou a pluralidade) é a condição ontológica do homem e não uma característica sua ou atributo resultante da relação do homem com outros homens. É condição ontológica fundante de toda possibilidade de ser, de toda a possibilidade da existência.

Da mesma maneira que a coexistência é fundamento de toda e qualquer possibilidade de conhecer, ela é também fundamento para o movimento do *aparecer* dos entes em seu ser. O olhar do homem é constituído por sua coexistência, que, como tal, é fundamento do movimento de fenomenização dos entes e do fenômeno.

O *ser-no-mundo-com-os-outros* (coexistência ou pluralidade), que dá o fundamento para o movimento fenomênico de mostrar-se/ocultar-se dos entes em seu ser, não é por nós enunciado como possibilidade, abstratamente, mas desde sua expressão como um *acontecimento*. Pois é desde o que acontece que a possibilidade ontológica pode ser compreendida como *possibilidade* e, portanto, como fundamento desse acontecimento.

Assim, o concreto, histórico e atual ser-no-mundo-com-os-outros (de homens, também eles concretos, situados, datados) instaura-se em seu duplo caráter: de ser o *lugar*, ou a *clareira* onde o ente pode manifestar-se para um olhar e, ao mesmo tempo, ser o *olhar*, ou a *iluminação* que provê esta mesma manifestação.

O *aparecimento* de algo só se torna plenamente efetivado se o que aparece tiver como origem, iluminação, clareira um certo ser-no-mundo, um certo coexistir, cuja função é permitir este *aparecer*, este *mostrar-se fenomênico* dos entes.

Em outras palavras, é desde um certo e efetivo ser-no-mundo-com-os-outros que o fenômeno recebe sua possibilidade de ser, ou seja, deste certo ser-no-mundo brota sua possibilidade de *realidade*. Isto está dito de modo mais imediato e concreto no que Heidegger nos faz entender: que não ouvi-

mos nunca, por exemplo, um puro ruído, mas uma porta batendo, o vento uivando, uma torneira pingando, um lamento, um estouro...[1]
Com isto estamos dizendo que, quando o ente *aparece*, ele já, de algum modo, foi forjado como *real*. Ou seja, o aparecer fenomênico dos entes em seu ser supõe que aquilo que se mostra já tenha garantida e promulgada a sua *realidade*. As coisas não se mostram (fenomenicamente) primeiro para só depois, então, serem convertidas em realidade. A própria percepção de algo depende desse algo ter sido o resultante de um *movimento de realização*.
É este movimento de realização que permite o *aparecer* dos entes. Um movimento cujo fundamento e desdobramento são temporais, existenciais e não meramente metodológicos. A grande diferença entre a fenomenologia e a metafísica se concentra, podemos dizer, nesta compreensão a respeito do aparecer do ente. E, conseqüentemente, na sua interpretação do que seja o *real*.

O Movimento de Realização

Não basta aos entes estarem simplesmente por aí para serem reais. Tudo o que há só chega à sua plena existência, isto é, *torna-se real*:

– quando é tirado de seu ocultamento por alguém, *desocultado* – DESVELAMENTO;
– quando desocultado, esse algo é *acolhido e expresso através de uma linguagem* – REVELAÇÃO;
– quando linguageado, algo *é visto e ouvido por outros* – TESTEMUNHO;
– quando testemunhado, algo é *referendado como verdadeiro por sua relevância pública* – VERACIZAÇÃO;

---

[1] – Cf. Heidegger ([1927] 1974), Parte 1, cap. V, p. 34

– quando publicamente veracizado, algo é, por fim, efetivado em sua *consistência através da vivência afetiva e singular dos indivíduos* – AUTENTICAÇÃO.

A ocorrência destes elementos constitui o que aqui chamamos de *movimento de realização do real*. A estruturação deste movimento nas cinco etapas indicadas tem, neste estudo, apenas caráter demonstrativo. Seu desdobramento não é linear, mas necessariamente simultâneo, como poderá ser compreendido pelo que se segue.

Do desvelamento

Para que fossem expostos à luz do mundo e aí se desenvolvessem, foi preciso que alguém se desse conta, por exemplo, da energia contida na força da água; da madeira contida no tronco das árvores; do alimento contido nas frutas; do amor contido no beijo; da generosidade contida num gesto; da justiça contida numa lei, ou num sistema político etc. Enquanto não fossem "vistos" como tais, o tronco da árvore permaneceria apenas sendo um tronco de árvore, e a queda d'água, apenas uma queda d'água. Mas, depois que a madeira e a energia foram desveladas, podemos falar que elas estão ali na árvore e na água, mostrando-se a princípio no modo de um velamento.

Tudo o que há, enquanto não é desvelado, pertence ao reino do *nada*, do oculto. Esse reino do nada, ou do oculto, é apenas o modo ou a *condição* de ser de tudo o que há, mas ainda não recebeu nenhuma *iluminação*, não se trouxe à luz.

O que é trazido à luz não tem, por determinação, de permanecer desvelado para sempre, nem de uma mesma maneira. Por exemplo, as religiões gregas falavam na presença dos deuses entre os homens. Antropomorfizados, os *deuses* circulavam e dimensionavam forças vitais da existência humana. Sempre estavam entre os homens, influenciando-os e interagindo com eles. O que para os gregos se mostrou sob a forma de deuses de algum modo está igualmente presente no pensamento junguiano, através do que se pode chamar de *arquétipos*, forças interferentes diretamente na ação/existência de cada ser humano e que são conservadas, ativadas, vivenciadas, dimensionadas pelo *inconsciente coletivo*.

Os gregos não conviviam com essas forças vitais interpretadas como *arquétipos*, mas como *deuses*. Há uma grande diferença para a possibilidade de ser-no-mundo que se abre para os homens, se estas forças vitais lhes são desocultadas como deuses, ou se elas lhes são desocultadas como arquétipos. É toda uma trama de organização social, histórica, coexistencial que se estabelece a partir de cada uma dessas perspectivas.

Diferentemente, ainda, apresenta-se a perspectiva hegeliana de compreensão e apreensão dessas forças vitais, que não apenas constituem o comportamento ou a estrutura das personas sociais, mas abrangem todas as ações históricas e que Hegel chama de "Razão Absoluta". Ainda que numa longínqua distância do pensamento grego, porque nada mítico nem religioso, o pensamento hegeliano identifica nessas forças algo de também determinante, quase fatal, – inevitável, irreprimível. Para Hegel, assim como para os gregos, estas forças não constituíam perfis personais. Em Hegel e nos gregos, parece-me haver um enfoque mais específico do caráter ativo e transcendente destas forças. Elas não apenas têm um poder de engendramento, mas são muito mais universais do que nos pode parecer à primeira vista. Elas estão aí, interferindo efetivamente no nosso cotidiano. Somos empurrados por elas sem delas termos consciência, muito menos controle. Elas transcendem nossa mera vontade, posição, nosso saber e controle objetivo das situações.

Falamos aqui destas forças, desocultando-as como forças vitais, mas, também, aparentando-as com aquilo que já foi desocultado pelos gregos, por Jung, por Hegel, como deuses, como *arquétipos* ou ainda como *Razão absoluta da história*.

Enquanto não-desveladas como arquétipo, deus ou razão, certamente essas forças vitais pertenciam ao reino do nada, não eram nem deuses nem arquétipos, mas, suponho, estavam desde seu ocultamento, apelando, chamando os homens para serem desveladas, mostrando-se como elementos *ocultos*.
O *reino do nada* é essa zona onde coisa alguma aparece se não se *trouxe à luz*. A zona para onde a coisa, digamos, também teima em ir, teima em voltar, mesmo depois que aparece.
Mas esta zona escura do nada, do velado, não é ela mesma uma entidade, senão um modo do desaparecer ou não-aparecer dos entes, ou seja, *um modo do mostrar-se dos entes*.
Este reino do nada não é, também, o que se convencionou chamar niilismo. Ao contrário, é constituído por vários modos do mostrar-se ocultando-se dos entes.
Tudo o que está na zona escura do nada ali permanece enquanto não receber, de alguma forma, autorização para se tornar real. E pode permanecer nessa zona escura, abandonado, esquecido, recusado.
O reino do nada não está por *trás* das coisas, mas *entre* elas *e nelas* mesmas, constituindo-as. O que se quer saber das coisas ou o que se sabe delas não está nesse escuro não-desvendado. Tudo o que há está aí, em cena. Trazer algo à luz não significa instituir sua presença concreta, criá-lo desde o não-ser, mas desvelar seu significado, o aspecto ou a perspectiva da coisa inscrita como sua possibilidade e do nosso relacionamento com ela. Está aí, mas não foi apanhada, desvelada. Por isso, a fenomenologia não diz que a metafísica, quando busca o lado objético das coisas, instituiu sua concretícidade, mas diz que a objetividade das coisas está nas coisas mesmas como uma de suas possibilidades então desvelada. O problema constituído pela metafísica foi ter interpretado esta face objética como o *único* ser das coisas, além de sua única face desvendável, portanto, real.
As coisas estão nesse reino do nada também quando falamos nelas, tocamos nelas, as manuseamos sem delas nos darmos conta; isto é, quando a elas nos referimos no modo de uma *consciência velada*.

O reino do nada é, ainda, esse escuro de onde as coisas resistem em sair, mesmo que delas já tenhamos uma *intuição*, já "sintamos o cheiro". Ou pode ser, por exemplo, o esquecimento. O esquecimento não é uma forma em que os entes não-são, mas é uma forma do seu afastamento no oculto.

Com estas indicações já estamos apontando para uma questão importante, a saber, há uma simultaneidade entre o movimento de realização e sua desconstrução, ou seja, o movimento de realização é, em simultaneidade, um movimento de *desrealização*. As coisas não só têm sua patenciação, mas faz parte delas o seu esconder-se, seu velamento. Desrealização, velamento, volta para o escuro, para o encobrimento, para o reino do nada, estes são também modos do mostrar-se do ente.

Ainda, esse velamento pode ser o que do ente é *ignorado*, por outras vezes, o *esquecido*; por outras, é o *desentendimento*, algo que se entendeu e se voltou a não compreender, a desentender. Outras formas do ocultamento são, também, a *distração*; a atenção *desviada ou deslocada* para outra coisa (o passar de uma coisa para outra); a recusa *determinada* de que algo não faça parte da vida ou da situação momentânea; a *insignificância*, quer dizer, a falta absoluta de sentido ou significado da coisa, ela "não diz nada", não é sequer percebida; *o reservar na memória*, a dimensão em que conservamos as coisas e seu significado, as reservamos, mas elas não chegam a cair no esquecimento; as formas de mostrar-se fenomênicas como o *parecer ser, a aparência*, e a *mera aparência;* a própria *palavra* que apresenta os entes, necessariamente ocultando suas outras faces.

Essas outras faces do ente que estão escondidas, quando uma está à mostra, não devem ser apreendidas como se pudessem ir se mostrando à medida que fossem virando um ente, de modo a ir colocando suas várias *facetas à luz,* porque as facetas ocultas dos entes não são lados da *coisa em si*, mas possibilidades do fenômeno.Desta feita, este ir mostrando-se e ocultando-se dos entes está na estrita correspondência aos acontecimentos ou ao acontecimento mesmo da existência.

As facetas ocultas (possibilidades) dos entes, das coisas, do que quer que seja, só podem aparecer à luz do tempo do existir e não do esforço racional ou cognitivo.

A volta para o velamento que constitui o mostrar-se dos entes, o encobrimento de suas facetas, não é nada negativo, mas essencial. Uma existência em que o velamento não acontecesse seria insuportável. Imaginemos se não nos esquecêssemos dos males que nos fizeram; se não nos ocultássemos intermitentemente de nós mesmos, nossas paixões e sofrimentos, ou se até mesmo se nossas idéias, não fossem desocupando nossa mente... Se a coisa ficasse indefinidamente exposta como ela mesma, estaríamos diante dela numa experiência tormentosa e até fatal. A ficção, quando faz alusão, por exemplo, aos "vampiros", os faz sempre aparecer, propositalmente, sob uma outra forma que não a sua verdadeira imagem. Também na concepção das antigas civilizações grega e romana, dizia-se que homem algum poderia fitar o rosto, a forma real dos deuses e, caso isto ocorresse, pagaria com a própria vida, a menos que os deuses mesmos livrassem-no de tal pagamento. Assim, os deuses usam de formas diversas quando querem aparecer para os homens: ou com uma forma humana, no caso da religião grega, ou como, por exemplo, uma sarça ardente, como na religião católica. Todo deus é apreendido como aquele que pode se mostrar de múltiplas e infindas formas e disfarces.

Esta percepção de que o homem não agüenta a revelação da coisa na sua total exposição fala-nos que o homem só pode perceber as coisas no seu ocultamento, ainda que na sua total genuinidade. Se, no exemplo referente à concepção grega e romana do mostrar-se dos deuses, usarmos os deuses, metaforicamente, como a expressão do ser na sua genuinidade, deveríamos afirmar que o genuíno do ser só se mostra no seu velamento. A visão do deus nele mesmo, ou do genuíno do que se mostra, tem, como preço de seu aparecer, a condição de não ser visto nele mesmo, a condição de seu *ocultamento*.

O desvelamento significa a saída de algo de seu ocultamento - em uma das suas facetas (possibilidades) e por uma época. O desocultamento não se refere à indefinida e indelével patência dos entes em sua exposição à luz. Inclusive, porque a coisa sai do ocultamento não no total de suas possibilidades, mas, totalmente, em uma de suas possibilidades. Este movimento, reafirmamos, é existencial, temporal.

Esse algo ou essa possibilidade de um ente que sai do ocultamento voltará velozmente para o ocultamento de onde saiu se não puder, de algum modo, ser conservado, ter uma duração. Se a coisa escapar muito rapidamente, se não tiver nenhuma duração, não poderá chegar à sua *realização*. A chance de conservação da faceta ou da possibilidade desvelada da coisa está dada pela linguagem, é a linguagem.

O que foi desvelado dos entes não se expõe apenas na e pela coisa mesma, mas, e ao mesmo tempo, na e pela palavra/linguagem em que for apresentado. No que se fala a seu respeito.

Da revelação

O que *aparece* é confirmado e conservado em sua manifestação mediante a fala. Merleau-Ponty diz-nos que "a palavra é o duplo do ser", e Heidegger, que " a linguagem é a casa do ser". A Bíblia indica que, depois de ter criado o mundo, Deus chamou o homem e ordenou que ele desse às coisas o seu verdadeiro nome. Coisa alguma chega realmente a ser se não é recriada através da Fala (sons, gestos, grafismos...). Para o homem, aquilo de que não se fala simplesmente não existe. E o que existe só existe na medida exata de como é apresentado pela linguagem. Somente mediante a fala é que a existência começa a ter alguma tangibilidade.

O homem nos é apresentado por Heidegger como o *pastor do ser*, seu guardião. Mas o que o homem guarda é o sentido de ser, vela por ele através das palavras. O homem pastoreia *o sentido de ser*, cuida do ser, isto é, cuida de ser através da linguagem. Por isso, Heidegger vê os poetas como os mais próprios guardiães do ser; a poesia, contraposta à linguagem científica que revela o aspecto objético e calculável das coisas, pode tornar tangível o sentido do ser de todas as coisas em nossa existência com elas.

A linguagem é, então, a *conservação do aparecer* e a possibilidade de se cuidar dele. Todo relato mítico sobre a criação sempre associa, indissoluvelmente, o gesto criador à palavra: "No princípio foi o Verbo".[2] Em seu nome, a coisa criada retém seu próprio significado. Tudo e todos são criados como algo, e com uma específica finalidade, "são para...". O cuidado na escolha dos nomes das crianças carrega essa crença antiga de que o nome de alguém diz quem essa pessoa é ou poderá ser. Guimarães Rosa, em *Grande sertão: veredas*, confirma esta perspectiva, quando através de Riobaldo diz que "o que é para ser são as palavras". No nome está contido o que é, como é, para que é algo (ou alguém), no nome está dado o seu destinar-se.

Gesto e fala são parte de um mesmo ato de criação/manifestação. Através do falar, na existência humana, é que o ser das coisas pode ser veiculado. O que é desvelado só através da palavra chega à sua efetiva revelação, ao seu mais completo (ainda que não pleno) aparecimento. Essa é a função dos argumentos, das teorias: a reunião dos significados das coisas, a fim de exibi-las em seu sentido, em seus nexos e possibilidades ininterruptas de aparecimento.

Certamente, todo o compreendido e desvelado pelos homens, em qualquer lugar e tempo, se não teve alguma forma de registro, em que se pudesse conservar, voltou para seu ocultamento, não foi preservado para a história. A tangibilidade do que é descoberto é dada pela linguagem. O desocultado precisa ser expresso em alguma linguagem para chegar à mais primária forma de aparecimento ou manifestação.

---

2 – Veja-se Mircea Eliade e Ernest Cassirer, por exemplo.

Todo desvelamento, cuja possibilidade de tangibilidade está na palavra que o apresenta, não tem apenas a função de conservação das coisas em seu sentido e significado, mas, também, a de ser *comunicação*. A função de conservação da linguagem só se realiza quando esta for, simultaneamente, comunicação. Se não se desdobrar comunicativamente, a linguagem perde sua função de conservação do significado e do ser das coisas e, portanto, não as conduz à sua realização.

A linguagem é o modo pelo qual o significado e o ser das coisas podem ser trazidos à tona. O que é desvelado tem que passar, no âmbito da existência humana, pela linguagem para começar a ter qualquer realidade. Para o homem, só o que é falado pode ser presença.

O que chamamos, anteriormente, de consciência velada diz respeito à faceta dos entes que não veio à tona *na forma de linguagem comunicativa*, isto é, o que até foi falado, mas não dito. O que é falado sem ser dito exerce-se em sua função de conservação, mas não de comunicação. Durante o tempo em que o falado é repetido sem "dizer", repetido no modo do velamento, há a conservação do já dito (e que, em algum momento, pode ou não ser revelado, ou comunicado significativamente). Apesar de falado, aquilo de que se falava não se deu a ver, não apareceu.[3]

A expressão *fenomenologia*, para Heidegger, inclui a noção do Logos como a possibilidade de se acolher e expresar o que se mostra, que é a condição ontológica do que podemos chamar de Fala. O ente, em sua manifestação fenomênica, mostra-se para um Logos que é o que vê e faz ver. O fenômeno é, portanto, outra coisa do que o ente ou a coisa em si mesmos, porque é aquilo que só se mostra através do Logos. A fenome-

---

3 – A linguagem verbal sempre se apresentou com certa primazia sobre as demais formas de linguagem para a grande maioria dos pensadores. O homem se reconhece como humano falando. Aristóteles referia-se ao homem como um "animal falante".

nologia é a forma de compreender que se empreende como modo do Logos. A palavra acolhe, guarda, conserva e expõe o ser. Fora das palavras, as coisas podem até mesmo estarem por aí, mas não são *o que são e como são*. Mas o que aqui enunciamos por palavra não é o mesmo que, através da metafísica e desde Aristóteles, se conhece como conceito: o constructo, o resultado da aplicação de uma metodologia, de um esquema lógico. Lembremos que, para Aristóteles, o conceito (juízo, idéia) depende sempre de um método de observação (indução e dedução) como base e da *comprovação lógica* dos mesmos (os princípios da *identidade, da não-contradição, do terceiro excluído*). Já os relatos míticos não são, em nenhum momento, o emprego de um sistema lógico-metodológico. Estes relatos, assim como a poesia, não se servem de conceitos, mas revelam e tocam o sentido mesmo do existir, em todos os seus aspectos. Neles a palavra genuinamente acolhe e mostra o *sentido de ser*. Sentido que a linguagem e o pensamento metafísico, científico,[4] não podem revelar, mesmo porque não é sua preocupação buscá-lo.

A função comunicativa da linguagem tem uma espécie de prioridade sobre sua função de conservação, pois sem a primeira a segunda não se efetiva. Inclusive, é por tal comunicação que os homens se humanizam, tornam-se *comuns* em sua humanidade. E é por esta função comunicativa da revelação que se estabelece o terceiro momento, digamos assim, do movimento de realização, o *testemunho*.

Do testemunho

O homem fala, necessariamente, com alguém, com outro homem. O alcance dessa fala é a confirmação da existência e da identidade não só de tudo aquilo com que alguém entra em contato ou desoculta, mas desse mesmo alguém. Não

---

4 – Sobre o tema, veja-se, também, Critelli (1984).

basta ao indivíduo saber, conhecer, ter o contato com o que existe no isolamento ou solitariamente, é preciso que aquilo a que ele se refere seja visto e ouvido por outros.

O desvelado e expresso (revelado) tem que ser visto e ouvido por outros, tem que ser testemunhado, para ganhar uma espécie de consolidação. O outro com quem alguém fala sobre algo não é um mero receptor de uma mensagem, mas seu co-elaborador. Isto é, ele é elemento constituinte da possibilidade desse algo se mostrar. A função comunicativa da fala exibe a condição em que algo é desocultado – a *coexistência*. Quer dizer, *desvelamos e revelamos juntos* o que algo é. A fala desvela a ontológica pluralidade do homem. Tudo a que alguém se refere, com que se depara, inclusive ele mesmo, depende fundamentalmente desta coexistência. Os outros, plural do eu, plurais no eu, são constituintes da realidade do real. Os outros constituem a possibilidade de aparição, de manifestação de qualquer coisa. Os outros constituem a identidade das coisas e a identidade do próprio indivíduo, como sua "clareira".[5]

Sem testemunho, o desvelado e o desvelamento, o revelado e a revelação esvanecem-se, dissolvem-se. E como se nunca tivessem aparecido. Sem o testemunho não há manifestação. Por isso, diz Arendt que o principal atributo do mundo é o fato de ele ser percebido em comum por todos nós.

O homem é plural. Os outros não são aqueles com quem o indivíduo convive, nem aqueles que o completam; os outros *constituem-no*. Sem o outro, o indivíduo não é. A idéia corriqueira e metafísica da coexistência é de que esta é uma decorrência de indivíduos já existentes juntarem-se uns aos outros. Ela seria um *resultado*. Primeiro haveria a manifestação de indivíduos, depois sua relação (social), como decorrente de um encontro. No caso da fenomenologia, a coexistência não é um resultado, mas condição ontológica, uma

---

5 – Expressão freqüentemente usada por Heidegger. A exemplo, consulte Heidegger ([1966] 1972).

condição em que lhe é dado existir. A coexistência é muito bem expressa por Arendt como pluralidade. O ser-com-outros, assim como o compreender, é uma característica estruturante da humanidade dos homens. Se as coisas (os entes que não são humanos) são *presença* no mundo, o homem é *co-presença* no mundo. Se se puder dizer que as coisas existem, ao homem cabe dizer que ele co-existe.

A coexistência precede, por originariedade, todas as formas ônticas de se ser-com-os-outros-no-mundo, fundando-as como sua condição de possibilidade. A existência do outro faz parte da estrutura existencial de cada homem e não apenas de sua vida. Se houver um homem que jamais esteve junto com outro homem, ainda assim ele é ontologicamente plural ou coexistente.

Pelos outros o indivíduo sabe-se, sendo, que é, reconhece-se. Sua existência não se torna real sem os outros. A presença de outros e seu testemunho são, a um só tempo, a garantia de que o desvelado/revelado se mantenha em conservação, como tal, além da garantia da consolidação e da preservação do seu aparecimento.

Pelo testemunho todos consolidam aquilo que foi desvelado e revelado. Mas o próprio testemunho é mais do que a confirmação do desvelado/revelado, pois ele mesmo se desdobra como um momento de desvelamento/revelação. Não só algo se torna real quando visto e testemunhado por um olhar (singular e plural) como, também, aquele(s) que vê (vêem), vêm-a-ser juntamente com o visto/testemunhado.

Sendo o aparecer (ser) fenomênico, quando alguém desvela/revela/testemunha algo, é esse mesmo alguém que se torna manifesto com o que aparece.

Há uma simultaneidade entre o desvelamento/revelação de algo e de nós mesmos como compreensores. Cada vez que algo é trazido à luz (compreendido) por alguém, este alguém nasce junto (outra vez) com aquilo que compreendeu. Portanto, nasce/vem-a-ser junto com o que através dele veio ao mundo. É como se houvesse, em nossa vida, vários nascimentos.

O aparecimento da coisa compreendida é, simultaneamente, o aparecimento daquele que compreendeu. Ambos estão entrelaçados como constituintes da (mesma) realidade. Mais, à medida que o compreendido por alguém é testemunhado pelos outros, esses outros não só consolidam a existência daquilo que alguém compreendeu, como também consolidam, ao mesmo tempo, a existência desse alguém que compreendeu algo e trouxe esse algo compreendido para o testemunho. Pelo testemunho, os outros participam da realização do desvelamento, da revelação, do aparecimento desse algo. E, desta maneira, também eles reaparecem através daquilo que lhes apareceu para o testemunho. O testemunho coletivo de alguma coisa faz com que as pessoas que testemunham venham a ser, elas mesmas, o que e como são, em outras palavras, sejam abertas (nelas mesmas e a elas mesmas) por aquilo que lhes foi aberto.

Aquilo que é compreendido (desvelado/revelado) por alguém nunca é, assim, compreendido *como coisa em si,* mas é sua existência mesma que ganha outra iluminação através desta compreensão. O que se compreende é o ser mesmo, a existência. Aquele que compreende algo é sempre um novo *si mesmo* a partir de cada novo desvelamento. Mas o compreendido deve ser levado ao testemunho dos outros para ser confirmado. Junto com os outros o indivíduo tem a garantia (não tematizada) de que desvelou algo e renasceu através desse desvelamento.

O outro que testemunha o que o indivíduo descobriu é, desde então, ele mesmo, outro, renascido, à medida que abre para si mesmo, via seu testemunho, uma outra dimensão das coisas, da existência. Sempre somos outros através do desvelamento. A existência sempre se reinaugura. O que implica que a *realidade* de alguma coisa é, simultaneamente, a nossa própria realidade. A realização de algo é, ao mesmo tempo, nossa realização.

Há um entretecimento da realidade da coisa com a realidade singular e plural de todo e cada homem. É impossível ao homem não renascer com cada nova visão ou manifestação dos entes em seu ser. A manifestação é ininterrupta. A existência é erupção e transformação inesgotáveis. Daí se falar em existência como vir-a-ser: o que é, ou o que está sendo, está vindo-a-ser.

No momento do testemunho, contudo, o desvelado/revelado por alguém pode ganhar outras compreensões. Nada garante que aqueles que, juntos, testemunham algo se desvelem/revelem esse algo do mesmo modo, exatamente da mesma maneira.

Isto se deve ao fato de que, ontologicamente, além de sermos plurais, sermos constituídos pelos outros em nosso próprio ser e iguais a eles, somos, também, constituídos por nós mesmos. Nascemos como indivíduos exclusivos em relação aos outros, somos singulares. Todo e cada homem é efetivamente incapaz de ser qualquer outro que não ele mesmo. Uma impossibilidade ontológica.

Esta singularidade não significa algo assim como uma separação, uma cisão entre o eu e o outro, porque também os outros o constituem. Pluralidade e singularidade são modalidades cooriginárias, através das quais a vida é dada a cada um de nós. Os outros são constituídos por cada um. Cada um testemunha e é um outro para alguém. O eu e o outro são cooriginários. O olhar que vê, desvela/revela é o olhar de alguém (em quem os outros também são); o testemunho é sempre dado por alguém (outro de um eu). O outro atesta ao eu que ele viu, desvelou/revelou algo, e que tanto ele quanto o desvelado/revelado são.

O testemunho dos outros garante contra a loucura, o devaneio, o desvario, a insensatez. Os outros são a garantia de que o descoberto pelo indivíduo tem um lastro (independentemente de qualquer concordância). E, ao mesmo tempo, o testemunho dos outros dá realidade a eles mesmos como existentes. Se não fosse pelo testemunho dos outros, o indivíduo só teria, por si, a dimensão da loucura, da irrealidade das coisas, assim como da sua própria.

É através do desvelado/revelado/testemunhado que os homens se relacionam entre si. É seu assunto comum, o que os medeia ligando, diferenciando, separando, equivalendo. Nunca há a possibilidade ontológica de que essa mesma coisa que lhes é comum seja entendida, vista, aceita, desejada da mesma maneira. O fato de a coisa ser em comum desvelada/revelada/testemunhada é a evidência e a base da ontológica pluralidade e singularidade nas quais a vida é dada ao homem. À medida que as coisas, testemunhadas em comum, são os elementos de mediação entre os homens, elas estão instaurando o *mundo*, uma *trama significativa comum*. O mundo se dá e se recusa aos homens através daquilo com que estão em contato e a respeito do que falam. A partir do testemunho os homens dão realidade àquilo que entre eles se abre em comum e, simultaneamente, dão realidade a si mesmos mutuamente.

Quando apontamos para o fato de que o testemunho do outro dá realidade ao desvelado/revelado por alguém e a esse alguém mesmo, apontamos, também, para o inverso. Alguém pode, através do testemunho dos outros, inclusive, vir a duvidar ou desacreditar daquilo que trouxe para o testemunho do outro e de sua própria existência.

É óbvio, no entanto, que este testemunho da realidade da coisa e do indivíduo, e mesmo o possível reconhecimento pelo indivíduo de sua irrealidade e/ou de sua loucura, depende de uma *repetição* de testemunhos. É essa possibilidade de repetição, de insistência no mesmo, que confere ao testemunho seu caráter de testemunho. Mas, falamos de uma insistência, de uma repetição no horizonte do tempo. Mesmo porque toda repetição supõe já a temporalidade para se dar. Sobre esta base temporal, o testemunho revela sua faceta de *rememoração*.

Este caráter de repetição de um testemunho, que o fixe como testemunho, cuja base é temporal, é corroborada, também, sobre a mesma base, por um movimento de condicionamento.[6] Basta a qualquer coisa adentrar à vida de um gru

---

6 – Usamos, aqui, a expressão "condicionamento" no sentido que Arendt (1981) o emprega.

po de pessoas, permanecer e durar por um espaço de tempo no seu cotidiano, para que, ali, ela se faça presença objetiva e constituinte dessa mesma comunidade. Isto é, basta às coisas terem uma certa permanência entre os homens para que sejam aceitas como *existentes* entre eles.

Ao movimento de realização que estamos enfocando, todos os elementos que entram em cena estão sujeitados inexoravelmente, inclusive o próprio testemunho, ao tempo, à *duração*, entre os pares do caso específico, do que está em questão. O que for velozmente substituído, ou *aparecer* uma única vez, está fadado a não chegar a ter realidade, a não ser reconhecido como algo que se deu, esteve aí, apresentou-se, apareceu.

Porque o eu não testemunha nada para si mesmo desde si mesmo, a realidade de tudo depende fundamentalmente do outro.

O testemunho não é apenas um ver e ouvir, mas sua função primordial é abrir e fechar espaço, na existência, para as coisas, para as pessoas, para os modos e alternativas de se viver. O testemunho dos outros, seu olhar constituem o olhar do eu, moldando-o, distorcendo-o, atrapalhando-o, iluminando-o, fortalecendo-o... É sempre através do olhar dos outros que o eu pode começar a ver (ainda que seus órgãos sensoriais estejam no perfeito exercício de suas funções).

Se o testemunho do outro é sempre contrário ou contraditório em relação ao que o eu vê, pensa, sente, imagina, quer, sua estrutura existencial e de identidade ficam totalmente abaladas. Ainda mais quando esse outro já entra na vida do eu como alguém revestido de alguma autoridade (como no caso dos pais em relação à criança).

Os outros, em seu testemunho, constituem o eu em sua realidade e a realidade do real. O eu é plural, coexistente. O eu é esta pluralidade dos modos de ser, que se realizam através dos outros e que habitam no eu (o andar do pai, o gênio da avó, os olhos da mãe, o mesmo medo de altura da tia, a mesma tendência familiar para as artes ou para o esporte, a mesma propensão para engordar, o mesmo risco de hipertensão...). Cada eu, portanto, é um feixe de modos de ser, de possibilidades de ser no mundo que ele herda de outros e que através dele têm que se exercer, na sua medida. É desta pluralidade de que dá testemunho o testemunho. Através dele, atesta-se e conserva-se a pluralidade ontológica do eu. Vir ao mundo significa poder partilhar, com os outros, o seu modo de ser. Por isso o principal atributo do mundo é o fato de ele ser comum a nós, uma vez que este mundo a que nos referimos não é a natureza, mas uma rede de relações significativas. O mundo comum a todos nós é a trama significativa dos modos de como se vive e de como se relaciona com as coisas que, nesse mundo, são admitidas.

Cada homem é visto e ouvido pelos outros, testemunhado por eles, assim também como vê e ouve os outros, testemunha-os. O eu sempre se verá, saberá de si, tal como o outro o testemunha em seu ser; ele se autoconhecerá como o desoculta/revela o testemunho do outro. Desde esse olhar o eu pode ser o que e como é, *quem é.*

O eu testemunha o testemunho do outro (na forma de uma consciência clara ou velada), e este testemunhar, por mais incipiente que seja, é uma forma de acolhimento do testemunho. O eu pode acolher a dimensão, por exemplo, de *ser desprezível,* em que o outro o testemunha, e não acolher, ou não perceber o testemunho de outros que o vêem de forma diferente. O testemunho sempre supõe um jogo de olhares em que os indivíduos se revelam plurais e singulares. O testemunho é composto por uma simultaneidade de olhares diversos.

Desde esta compreensão fenomenológica da existência em sua ontológica pluralidade e singularidade, estamos a uma imensa distância da compreensão metafísica em relação à *subjetividade.* Distantes da prévia compreensão de que o indivíduo é solipso, encapsulado, em si e por si, individual. O indivíduo, para a fenomenologia, não é determinado a partir de sua fisicidade, de sua materialidade meramente, mas de um feixe de possíveis modos de ser no mundo que ele, enquanto existe, vem-a-ser (até seu morrer);

modos de ser que ele existencia, desenvolve, põe em andamento.

Não nos esqueçamos da relevância da *fala* no testemunho. É preciso que algo acolhido pelo testemunho tenha entre esses indivíduos duração temporal, mas não meramente como presença física, tal como um monumento em praça pública. E preciso que a coisa dure como *assunto* entre esses indivíduos. Que ela seja comentada freqüentemente para que tenha aparência. Caso contrário, corremos o risco de passar pela praça pública e nem sequer vermos o monumento em questão.

Neste terceiro passo do movimento de realização, esta faceta do testemunho a que estamos nos referindo se desdobra, digamos assim, como algo em que não incide qualquer moralidade. O que é aberto pelo testemunho parece, estranhamente, sempre ser aberto ou trazido à tona, ao mundo, como algo francamente possível. O testemunho, em princípio e a *priori*, parece ter o poder irrefletido de tornar lícito tudo a que testemunhe. A abertura do testemunho é, antes de um julgamento, um trazer algo ao mundo comum como pertencente a ele. Dá algo em seu aparecer e em sua pertença ao mundo ao qual é trazido à luz.

O testemunho mostra-nos que, no ser-no-mundo, nada é para a individualidade, mas para a pluralidade. Não há a possibilidade de alguma percepção individual, se ela previamente não for uma percepção plural. O olhar de cada um é sempre, prévia, ontológica e onticamente, um olhar plural. Portanto, a coexistência aparece como fundamento de qualquer possibilidade de conhecimento e, assim também, a consciência não é jamais individual, mas plural, embora a possibilidade de compreender seja, em cada homem, parte de sua estrutura existenciária, ontológica.

O que é desvelado/revelado pelo testemunho vem à luz do mundo em sua manifestação e identidade. A conjunção develamento-revelação-testemunho constitui, pois, um *advento*.

Da veracização

O que, então, *advém* ao mundo tem, no trajeto de sua realização, que alcançar ser verdadeiro.

Coisa alguma é verdadeira em si mesma, mas *veracizada* mediante uma referência, um critério, algo que venha de fora dela mesma e a autorize a ser o que é e como é.

Por exemplo, para que chegue a ser verdadeiro que a composição da água é H_2O, é preciso mais do que o desocultamento desses elementos na água, é preciso um critério comum (a toda uma sociedade e/ou civilização) que considere, no caso, a repetição e a constância dessa mesma composição em várias partes de água observadas, como elementos adequados para servir de base a uma definição.

As sensações e emoções estão sujeitas à mesma regra. Aquilo que um indivíduo sente só chega a ser sentimento e a ser um sentimento de medo, vergonha, felicidade, amor, raiva, quando confirmado como tal pelo testemunho de outros (nossa sociedade referenda o tremor, o suor nas mãos, a boca seca, os olhos embaçados, um amolecimento muscular diante de uma ameaça de morte, por exemplo, como o sentimento de pânico).

Mais que isso, o indivíduo só é capaz de reconhecer sua experiência de tais sensações e sentimentos quando, para a esfera da vida pública, essas mesmas emoções e sentimentos foram demarcados em sua *relevância*, isto é, em sua dignidade. Uma emoção considerada indigna, vergonhosa, desonrosa – como a inveja, por exemplo – dificilmente é reconhecida pelo indivíduo como um sentimento seu, que ele vivencia.

O mesmo se dá com tudo a que não se concede grandeza e honra. Assim, cria-se uma *verdade* para essas situações – como a identificação da patologia, da anormalidade, da criminalidade – que permita a todos, sem culpa, banir tais acontecimentos ou fenômenos para fora da esfera da vida pública, relegando-os ao domínio do privado. É o que as sociedades fazem com a homossexualidade, com a loucura, com a pobreza, com a feiúra, com a deficiência física e/ou mental, com a negritude... Pertence ao movimento de veracização do que existe, o jogo incessante que os homens mantêm entre si de convencerem-se mutuamente das verdades que atribuem às coisas. Por vezes esse jogo subverte o modo mais plenamente humano de jogá-lo, que é através do discurso ou das palavras, e se estabelece por meio da força e da violência. Em todo caso, é mediante este jogo que se instaura e movimenta toda a trama política que orienta as utopias, que dá suporte às ideologias e que garante as relações imediatas da força e do poder.

Quando algo é testemunhado como publicamente relevante, é referendado como verdadeiro. O que não for considerado verdadeiro perde sua possibilidade de aparência, de manifestação.

Indicar a *relevância pública de algo* como o critério para sua veracização, como o critério da verdade, é tocar num ponto crucial de toda a questão do conhecimento para nossa civilização de tradição metafísica. A concepção ocidental de *verdade*, como o *conceito* da identidade substancial do ente, sob o suposto de sua universalidade, unicidade e absolutidade, é, por isto, colocada em questão, como também tornam-se questionáveis todas as teorias científicas e as práticas de investigação e de intervenção no real que sobre ela se apóiam.

A determinação deste critério sempre foi o problema fundamental, determinante, da Filosofia, pois, mergulhada, misturada com a possibilidade de *ser* dos entes, está sua *verdade*. *Verdade e realidade* são elementos indissociáveis. Sob estes aspectos, é importante voltar a mencionar que sua discussão tem sido feita à luz da tradição metafísica, portanto, em busca de um critério para a verdade e para o ser que fosse de natureza conceitual. Desta feita, sob nenhuma hipótese foi admitida uma questão existencial na delimitação e resolução de tal debate. Ao reconhecermos que o problema do conhecimento se funda e se fundamenta na ontologia humana, nas condições em que a vida foi dada ao homem, não cabe mais a procura de

ANALÍTICA DO SENTIDO

um critério de ponderação que seja de origem conceituai, mas, obviamente, existencial. A *relevância pública* de algo é, onticamente, o critério de determinação da verdade, mas seu suporte ontológico é a *coexistência* (ou pluralidade).

O horizonte de explicitação deste critério existencial de veracização de algo é o tempo, o tempo das vivências, do serno-mundo. Ao contrário, portanto, da postura metafísica, que encontraria este horizonte de explicitação no método, na precisão metodológica do conceito.

De qualquer *determinação* do que seja *verdade* (inclusive a de natureza metafísica), participam não só a compreensão de um movimento de *realização* (que é o que vemos agora), como também a compreensão do movimento *de manifestação dos entes* (movimento de fenomenização), além das prévias compreensões do que seja ser, de seu lugar e de seu horizonte de manifestação.

Heidegger ([1957a] 1960) indica que a prévia compreensão de ser que nos chega determina a questão da verdade através da adequação lógico-conceitual-metodológica entre a coisa e o seu conceito. Inclusive com o estabelecimento da física moderna como estrutura básica que fornece os parâmetros epistemológicos e os procedimentos práticos de todos os saberes em relação ao mundo manifesto.

A fenomenologia nos faz ver que o que nos levará à veracidade das coisas não é este movimento lógico-metodológico de *adequação*, mas o movimento existencial de realização, sobretudo a coexistência, que é o determinante fundamental para esta percepção. Como estamos afirmando, é a coexistência que se oferece como elemento preponderante na determinação da verdade, do critério para a determinação da verdade como a *relevância pública* de alguma coisa.

A própria ciência moderna, para que fosse aceita como saber fidedigno em nossa civilização, dependeu da conquista de sua relevância pública. Todos os nossos conceitos cotidianos a respeito da vida, da convivência, entre outros, foram forjados em sua veracidade por meio de alguma relevância pública.

A *relevância pública* depende do que podemos chamar de *opinião pública, do comum senso, do consenso* de uma população a respeito de algo, mas que tenha nessa população criado raízes, isto é, depende do *senso comum*. O reconhecimento da relevância pública de algo é o que lhe garante seu ser, seu desvelamento, sua revelação, seu testemunho. Muitas coisas entre nós não são sequer vistas, porque são tidas como *irrelevantes publicamente*, porque não são relevantes para a vivência pública, coletiva, cotidiana. A existência coletiva, através de sua pública opinião, determina quais as coisas que devem aparecer e se manter entre nós, além de delimitar qual o comum senso que deve vingar a respeito delas. Nesta determinação, também se incluem todas as coisas que não devem fazer parte de nossa vida coletiva cotidiana.

As coisas *irrelevantes* publicamente são aquelas que devem ser deixadas à margem da vida coletiva e, por esta, *desrealizadas*. O crivo que discrimina o que é ou não relevante publicamente é o fato de esta mesma coisa ser considerada *fútil, vergonhosa, desonrosa* para pertencer e abrir-se à vida pública (Arendt, 1981).

Coisas de relevância pública são coisas que têm relevo, que saltam à tona, estão à disposição imediata e de qualquer um, como parte constituinte, alicerçada e fazendo tradição no meio de uma certa população, grupo social, nação ou civilização. Aqui podemos incluir, como tendo relevância pública, mesmo o que tem valor negativo, como a corrupção, os homicídios, o emprego da força e da violência contra os seres humanos, contra os animais ou até mesmo contra a natureza.

Quando Arendt salienta que a sociedade grega antiga estabeleceu a distinção entre a esfera da Vida Pública e a esfera da Vida Privada, vê como critério de tal distinção o fato de que a Vida Privada, através da sujeição dos homens aos elementos e atividades que visam a preservação da vida biológica e o atendimento de suas necessidades (atividades econômicas), *privaos* exatamente da conquista de sua mais plena dignidade de homens (expressa em seus feitos e discursos). Portanto, sob esta compreensão, as coisas que pertencem à Vida Privada não podem invadir a Vida Pública, pois, por serem privadoras da plena humanidade dos homens, tornam-se atividades fúteis, vergonhosas, sem honra. Neste exemplo, devemos priorizar apenas o critério que determina o que compete à esfera do Público e do Privado – o caráter de futilidade, vergonha e desonra – e não quais as atividades assim consideradas. Mesmo porque, ainda que na atual sociedade não sejam as atividades econômicas aquelas que estão impedidas de adentrar à Vida Pública, o critério que determina as atividades adequadas a esta esfera da vida social ainda é o do reconhecimento de sua utilidade, honradez, dignidade.

Alguns séculos atrás, um louco era visto como um homem tomado pelo divino, um mensageiro dos deuses que merecia respeito e crédito. Hoje, contrariamente, um louco é visto como um *anormal*, um doente mental, alguém que não merece crédito nem respeito. Estas concepções tiveram e têm relevância pública e, através delas, as interações humanas e a organização social se estruturaram desta ou daquela maneira. Como exemplo: a sociedade moderna, desde a conceituação da loucura como doença, institucionalizou seu tratamento e propulsionou toda uma sistemática em torno dela, desde laboratórios e centros especializados de estudo até a formação de profissionais, desenvolvimento de drogas, medicamentos, aparelhagens e instalações (como os hospícios), produção organizada de literatura específica etc.

A compreensão moderna e contemporânea da loucura como doença mental vem alicerçada numa concepção de Razão, como bem aponta Foucault (1975). Como, sob o lastro da tradição metafísica, é a Razão que tem relevância pública (não é fútil, desonrosa nem envergonha), ela justifica sua presença e seu desenvolvimento na vida pública e coletiva, assim como justifica e cria os mecanismos de banimento ou exclusão da loucura para fora do convívio coletivo ou público. A loucura é banida, porque não é uma forma de ser/pensar o mundo sob o modelo do pensar *racional*, cientificamente postulado.

O movimento de veracização determina de tal forma o ver e o ouvir, que chegamos ao ponto de não ver nem ouvir aquilo que foi banido do espaço público, portanto não veracizado. Também sucede o contrário: aquilo que por uma razão qualquer chega a ser testemunhado publicamente, ainda que visto sob o aspecto de sua negatividade, torna-se, imediatamente, *lícito*. Ainda que sob o crivo da razão, ou da moral reinante, algo seja considerado um mal, no nível da ação ele se converte em algo permitido. Perde sua proibição. É o caso, por exemplo, da violência e da corrupção. Parece que, quando algo se torna público, quando ganha relevância pública e se faz comum a todos, banaliza-se, isto é, sua caracterização como algo bom ou mau entra em suspensão.

Mas esta licitação do que se torna público não corre tão livremente, pois é importante notar que todo movimento de *veracização* de algo subsiste pela articulação dos *jogos de poder*. E aqui não nos referimos ao poder político *stricto sensu*, mas a todo jogo em que alguns indivíduos ou grupos de indivíduos tentam convencer outros indivíduos ou grupos da preponderância daquilo que por eles se desvela, revela e testemunha. É um *jogo de convencimento*, ao qual pertencem, inclusive, todas as formas de competição.

Este último aspecto é importante de ser aqui mencionado, porque o que se abre através da relevância pública de algo, que o veraciza, ampliando sua condição de algo *real, é o destino da existência humana,* individual e coletivamente. Uma orientação para esse destino, uma espécie de paragem ideal para a condição de humanidade dos homens e para suas ações.

Esta orientação de destino ocorre à medida que, através da veracização de algo em razão de sua relevância pública, o que vai se estabelecendo, o que vai se tornando configurado, ou o que se vai iluminando, sendo trazido à luz do mundo, é um *sentido de ser*. A concessão de relevância pública a algo, veracizando-o, abre o *sentido de ser*, não mais como um conceito dos entes em relação à sua identidade substancial, mas como o rumo, o norte, o alvo e o princípio, ao mesmo tempo, em relação aos quais se deve *dar conta de ser, de existir.* Desnecessário notar como os meios de comunicação de massa auxiliam, acentuam e dão velocidade a esse movimento.

Da autenticação

Deuses e entidades sobrenaturais só deixam de ser uma ficção através da fé; o perigo só é real através do medo; o grito assusta porque foi ouvido; fulano é especial entre todos porque estou apaixonada por ele; ciclano é um déspota porque alguém se intimida com ele.

Esta é a grande importância dos indivíduos. Por si mesmos eles não conseguem jamais criar uma realidade absolutamente particular (nem mesmo os loucos o fazem), como nos fazem supor os discursos sobre a subjetividade. Mas é através de cada homem que o que aparece tem sua mais plena alternativa de se tornar real. E de se tornar real para outros.

Este *factum* exibe o equívoco em que historicamente estamos lançados quando se estabelece a oposição entre o indivíduo e o coletivo (a coletividade), como se fosse possível qualquer aparteamento.

A realidade é uma trama comum, produzida e solidificada ao longo do tempo pelo esforço de todos em conjunto e de cada um em sua singularidade. Mas, a *consistência* dessa realidade jamais é urdida fora de cada indivíduo, porque, se todos podem ter a mesma idéia, a autenticação da sua verdade é uma convicção sentida na solidão da alma, assim como o mel e o sal são gostos saboreados na solidão da língua.

Sem esta *autenticação* final, o que foi desvelado, revelado, testemunhado e veracizado não chega à sua plena realização.

Ao contrário do *testemunho* e da *veracização, a autenticação* não se dá pela presença dos outros homens. A autenticação é obra do indivíduo. Só o indivíduo, e não o público que constitui o mundo, pode dar às coisas sua consistência. Daí que todas as coisas de que falamos, com que temos contato, de que ouvimos falar ou compreendemos só chegam a ser consistentes pela experiência individual. Experiência que não está embasada pelo raciocínio ou pelo entendimento intelectual, mas passa pelo crivo do sentir. Por isso dizemos que Deus só tem consistência pela fé de alguém.

A conquista desta consistência de que as coisas necessitam para serem efetivamente reais transcorre pelo circuito de uma experiência particular e não é, de modo algum, de ordem universal. Marca-se, aqui, a importância da singularidade para o *conhecimento*.

Quando falamos do *testemunho* e da *veracização*, mostramos a impossibilidade total de o conhecimento ser individual. A coexistência apresentou-se como fundamento de possibilidade do conhecimento. Falamos da prioridade do público, dos outros; e o indivíduo foi apontado como *um* entre os outros. Neste último momento, estamos, por assim dizer, puxando todo o peso para o indivíduo.

Entramos, aqui, num confronto direto com a metafísica. Para ela, este momento de *realização* do que aparece, que é a experiência individual, acaba sendo visto como *empirismo* e não um conhecimento digno de relevância. O último grau da realização de algo, para a metafísica, pressupõe a impessoalidade, supõe a superação do indivíduo, a superação da subjetividade, porque levada a cabo pela Razão impessoal. O movimento aristotélico de conhecimento está baseado nesta concepção: "quanto mais universal for um conceito, mais científico e, portanto, mais verdadeiro ele será". Esta máxima vale para o pensamento metafísico, científico, até hoje. Para ele, a valorização do indivíduo, que consideramos o movimento final do conhecimento, traz um demérito, uma desqualificação, uma anulação do que supõe ser o verdadeiro conhecimento.

A fenomenologia, diferentemente, não se esforça nem se interessa por suprimir a presença do indivíduo. Ao contrário, releva-o. A verdade está numa intrínseca *dependência* em relação ao indivíduo.

Arendt (1993c) mostra como a fenomenologia em sua constituição, desde Scheiling e passando por Kierkegaard, Nietzsche, Heidegger, Jasper, vai desenvolvendo uma tentativa de superar o *idealismo* a que a filosofia esteve anteriormente entregue, à medida que traz o *universal* Homem, entre outros, para a questão do Eu. Uma das formas que a fenomenologia empreendeu para conquistar a superação do idealismo foi a afirmação do Eu: tudo o que há e o próprio ser só podem ser através de cada um de nós, que aparecemos no mundo *nomeados*. Este caminho implica uma maneira de perguntar pelo ser do homem já não mais como um o quê é o homem, mas *quem* é ele.

A fenomenologia, quando supera a ilusão de que o universal existe por si e vê que ele só se torna real quando empunhado, vivenciado pelo indivíduo, segundo Arendt, deixa de ser simplesmente fenomenologia para desdobrar-se como filosofia da existência, em cujo curso ela inclui Heidegger.

Descartes é um exemplo do pensamento metafísico indo na direção de conquistar a supressão do indivíduo, à medida que pretende submeter as sensações e sentimentos, por serem apenas possíveis na experiência individual, ao crivo do Cogito. O Cogito, a Razão, é, por natureza, impessoal, uma regra do pensar. Esta postura metafísica de Descartes alicerça todo o desenvolvimento da ciência moderna.

A partir daqui, várias questões põem-se para uma revisão e para uma nova reflexão, como a oposição entre indivíduo e coletivo, universal e particular, subjetivo e objetivo. Além delas, pela relevância dada à experiência dos indivíduos, que passa a ter valor de fidedignidade, está o senso comum.

Os estados de ânimo

A autenticação, que dá consistência às coisas e as faz serem efetivas ou plenamente reais, desdobra-se através de nossas emoções, ou como Heidegger[7] diz, *estados de ânimo*. O *estado de ânimo* sempre evidencia a forma pela qual, em nosso ser-no-mundo, somos tocados ou *afetados* pelas coisas e/ou pelos outros que aí nesse mundo estão. Para o pensamento fenomenológico-existencial não há homem sem mundo. Tudo o que podemos dizer ou compreender dos homens se dá a partir de visualizá-lo *no-mundo*. O mesmo se dá em relação às coisas; só podemos dizer *o que são e como são*, desde sua inserção ou participação num mundo.

O procedimento convencional da metafísica exige, para se compreender as coisas, o isolamento das sensações e emoções em que aquelas são apanhadas. Isto equivale a retirar a coisa de seu plexo de referências, do seu contexto de funcionalidade, único lugar onde esta pode chegar a ser algo, onde pode chegar a ser o que é e como é. Significa tirar a coisa do *mundo da vida*, a que se refere Merleau-Ponty, e pensá-la como *coisa em si*. Desmundanizada, a coisa perde seu ser, convertendo-se numa mera coisa, num puro troço, sem significado. Quando a fenomenologia, através de Husserl, pontua que a necessidade do conhecimento é *voltar às coisas mesmas*, supõe a reintegração da coisa no seu mundo, no seu plexo de referências.

Nosso entendimento é, sempre e de alguma forma, emocionado. A compreensão sempre transcorre num *estado de ânimo*. A presença do homem no-mundo é sempre *emocionada*. Mesmo a indiferença é um modo pelo qual algo nos toca. Os estados de ânimo mostram como o mundo afeta alguém, e como esse alguém vai indo nesse mundo. Todas as idéias que temos do mundo, dos outros, das situações de vida etc. mostram a noção que alguém compartilha com outros a respeito delas, mas estas idéias nunca lhe dão a noção do seu si *mesmo*. Através dos estados de ânimo não apenas temos uma noção de como as coisas nos afetam (saudosos, perplexos...),

---

7 – Heidegger ([1927] 1974), Parte l, cap. V, pp. 29-30. 92

mas, também, de como temos sido *nós mesmos* neste mundo.

Ontologicamente, o estado de ânimo é um modo de o homem referir-se ao mundo, aos entes, aos outros homens, a si mesmo; é um modo de ser. Tudo o que ele vê, a que se refere, é visto, referido, falado sob uma certa animosidade, através de um certo estado de ânimo. Os estados de ânimo abrem para nós outros significados mais verdadeiros (porque existenciais e não meramente lógicos) das coisas, situações etc., que não aqueles apreendidos pelo pensamento. Eles nos mostram como estamos encravados ou não nessa realidade, como fazemos ou não parte dela. As emoções falam de coisas diferentes e, às vezes, até contraditórias em relação àquelas do pensamento. Nossas emoções revelam o nosso mais efetivo envolvimento e entendimento de nossa situação no mundo.

Os estados de ânimo são aquela dimensão de ser que vai permitir às coisas terem alguma consistência. Explicar, por exemplo, que a água é composta por hidrogênio e oxigênio não é dar a ela nenhuma *consistência*, mas apenas se está explicitando sua composição química. Portanto, os estados de ânimo não estão no reino das concepções e significados formais/lógicos das coisas, do ser, de nós mesmos. Eles estão no reino do *sentido*. O *sentido*, que é aquilo atrás de que a Analítica do Sentido se põe ao encalço.

Através das nossas emoções é que nosso *ser e o ser em geral fazem ou ganham sentido*. Através dos estados de ânimo, os significados das coisas fazem sentido. E, através deles, esses significados mudam.

O sentido de ser e das coisas começa a se abrir, a se fechar, a se deixar ver, a se definir através de nossas emoções. Ser livre, por exemplo, faz sentido, durante nossa existência, de várias maneiras: ou quando se está sufocado e se precisa de liberdade, ou quando se quer ver livre dela, ou quando ela incomoda, ou assusta, ou oprime.

As emoções não atrapalham nossa informação a respeito do mundo; ao contrário, mas esta precisa de nossas emoções para manifestá-lo em seu ser e em seu sentido. As coisas só chegam a ser reais sobre o trilho do sentido, e todo sentido só aparece através dos estados de ânimo. Através dos estados de ânimo tudo tem realidade. Por exemplo, através da indignação que se sente com uma situação acontecida com alguém, essa situação se torna real. Mas a situação experimentada por esse alguém através, digamos assim, do medo, ganha uma outra realidade. A situação ou o acontecido *é o que é e como é*: uma certa realidade pela indignação, e uma outra realidade pelo medo.

É através das emoções que os significados das situações, coisas etc. se transformam e se tornam outros, renovadamente, incessantemente.

As emoções dão liberdade às coisas, aos outros, a nós mesmos, descobrindo-os tal como são numa circunstância, num mundo. Pelas emoções as coisas são descobertas como temíveis, alegráveis, ameaçadoras, sem valor, indiferentes etc. E, ao darmos liberdade ao *que e como as coisas são* através de nossos estados de ânimo, colocamo-nos disponíveis para sermos tocados pelas coisas assim como foram descobertas. Ao dar liberdade para que as coisas sejam o que são, entramos, por assim dizer, em afinação com elas. Esta relação é importante, pois, por exemplo, sem a coisa descoberta como ameaçadora, a possibilidade de se sentir ameaçado, na situação vivida, não existe.

Nossos estados de ânimo invariavelmente nos remetem a nós mesmos, porque é sempre alguém concreto que sente. Pelo sentir, estamos entregues a nós mesmos, pois não é um outro que sente o que sentimos. O eu chega, pelos estados de ânimo, à mais plena realidade de si mesmo. Por eles, o indivíduo compreende-se como uma singularidade.

Portanto, pelas emoções, não são apenas as coisas ou os outros que chegam à sua plena realidade, mas, conjuntamente, é o próprio indivíduo que, por esse dar-lhes realidade, se realiza plenamente a si mesmo (o mesmo que ocorre com o desvelamento, a revelação e o testemunho: o indivíduo vem-a-ser através do que deixa ser e traz à luz do mundo). Todos nós podemos, por condição ontológica, sentir medo, mas quem teme, na situação, é alguém em particular, é o eu. As emoções mostram ao eu que ele não é nem pode ser o outro e vive-versa. A emoção dá ao eu a noção do seu *estar-situado como si mesmo no mundo*. Por este ser si mesmo do eu, as coisas começam a ser postas em liberdade sendo *elas mesmas*. A consistência das coisas, do mundo, dos outros é concomitante à consistência do indivíduo em sua singularidade.

Ao contrário das emoções, as *idéias* que o eu tem do mundo, das coisas, dos outros não os tornam tangíveis, nem *reais*. No momento em que o eu tem a noção da sua mais plena existência, tudo que não é o eu também ganha sua mais plena existência. Portanto, quanto mais o eu se singulariza, menos ele se isola, exclui, ou se afasta do mundo.

Através das emoções, dissemos, as coisas, os entes, manifestam-se, são de diversas maneiras. O ser, portanto, não está na objetividade de algo, seja na sua concretude material, seja na idéia de sua substância. Na dimensão da representação, as coisas são referenciáveis, mas não são reais. Elas têm referência, têm concretude, objetividade, mas estão no encobrimento, portanto, banhadas pela irrealidade.

Dando, via estados de ânimo, liberdade às coisas para que elas sejam *o que são e como são,* percebemos com maior clareza como o *ser* de tudo o que há, sua realidade, não está na coisa, em si mesma, ao modo de sua definição lógico-conceitual, mas no seu entrelaçamento com as outras coisas do mundo, com os homens, formando, então, o próprio mundo. Portanto, o ser não está numa patência imutável, mas em inesgotável mutação. O que as coisas são está *fora* de sua objetidade, e é isto que os estados de ânimo nos mostram com maior limpidez.

Falamos, portanto, o contrário de Descartes. Por exemplo, o cansaço abre para alguém a presença de uma cadeira (ainda que em sua ausência), na possibilidade de vê-la, de usá-la. Já a intransigência abre as coisas e os outros no seu caráter de estorvo. O mau humor abre o outro como um culpado da felicidade que não se tem etc.

Porém, se já dissemos que todo indivíduo é plural, coexistente, em que medida estas emoções são plurais, coexistenciais, se as esboçamos tão individuais, singulares...? Na medida em que os estados de ânimo ocorrentes já foram abertos pelos outros como tal ou qual estado de ânimo. Embora a consistência de algo (perigoso, alegrável...) seja levada a cabo pela experiência individual (não necessariamente concreta, mas, também, por aquela forjada na imaginação, na fantasia), o reconhecimento, por exemplo, do medo como medo, do amor como amor, tem origem na Vida Pública, onde, inclusive, recebe uma codificação quanto às maneiras de se proceder diante dele, isto é, uma prescrição de comportamento.

A autenticação não é uma mera confirmação de um sentido de ser aberto pelo mundo público, mas pode ser sua negação. O mundo público abre-nos as emoções através de seus pré-conceitos, mas, em sua própria existência, o eu as singulariza, porque as experimenta a seu *modo*.

Este é um embate que, na cotidianidade de sua existência, o eu pode travar com os *outros*. O embate entre o modo como o eu e o modo como os outros experimentam o mesmo estado de ânimo. O embate entre o que são: as coisas, o mundo, os outros e o eu mesmo, tal como o mundo público os veracizou e tal como o eu as autenticou. O embate entre a *veracização e a autenticação*.

As escolhas

Através das emoções, então, tudo o que é ganha sua consistência, uma vez que elas revelam como as coisas nos afetam, como somos tocados por elas. Mas não são apenas os estados de ânimo que estruturam a autenticação. Há um segundo elemento – nossas *escolhas*, que emergem de nossas emoções e são por elas abertas.

Quando falamos dos estados de ânimo, não nos referimos a eles como uma experiência egóica, internalizada, que apenas o eu sente. Mas, falamos de um *modo* através do qual aquilo que aparece se abre para alguém, mostra-se, manifesta-se como aquilo que é e como é. O ser das coisas e o seu próprio ser aparecem para os homens através desta relação que têm com o mundo que é o estado de ânimo. Falamos de afetos como *afecção*. Nesse "estar sendo afetado", dá-se *liberdade* para que as coisas apareçam tal qual elas são (ameaçadoras, nocivas, admiráveis...). Fora desse modo afetivo, as coisas são *referenciáveis,* mas não são, necessária nem certamente, *consistentes*. Pelos estados de ânimo, as coisas manifestam-se em seu significado existencial mais genuíno e em seu sentido.

Porém, se o eu não se encontrar num ponto em que possa ser *atingido* pelas coisas, pelos outros, por si mesmo, essas mesmas coisas, esses mesmos outros não se abrem em nenhum significado, nem predispõem o eu para agir em relação a eles. Fora desse raio em que o indivíduo possa ser atingido, as coisas e os outros comparecem em sua mera presentidade.

Deixando o campo da pura referência, das alternativas e tornando-se possibilidade vivida, os entes saem do campo da teoria, da tematização, da hipótese, da conjectura e tornam-se *reais*. A *realização* das coisas vai abrindo para os homens as possibilidades de trato do mundo e da existência, abrindo o modo, a qualidade e as dimensões em que o mundo e a existência podem ser cuidados.

É, portanto, a indignação, por exemplo, que abre um fato em seu mais genuíno sentido e significado e dispõe alguém a tratá-lo como algo a ser repudiado, banido, execrado de sua vivência. O mesmo fato, aberto não na indignação, mas na impotência, ou na indiferença, ou na comiseração, ou na identificação..., disporia alguém, ao contrário, a aceitá-lo e acolhê-lo.

Nesta dimensão das emoções, que abrem as coisas em seu genuíno significado – mutável ininterruptamente no tempo –, sempre nos percebemos a nós mesmos (ainda que não tematicamente) dispostos em relação às coisas, como diz Heidegger, nos modos da *versão e/ou da aversão*. Conjuntamente com o significado em que as coisas nos são manifestas, através dos estados de ânimo, expressa-se o *sentido de nossa existência*, o sentido em que nossa existência transcorre. Falamos de sentido, aqui, não como sinônimo para o termo *significado*, mas como *direção*, como *norte*, como *destinação*. Este *sentido é a base das escolhas* que fazemos para ser.

Quando, via emoção, as coisas são abertas em seu significado, o indivíduo descobre-se como um eu que existe faticamente, relacionando-se. A experiência emocional não nos exclui da vida, mas confirma o eu e todos os demais entes em sua existência e, ao mesmo tempo, confirma o *modo* pelo qual o eu e os entes se remetem mutuamente. Pelas emoções as coisas aparecem em *o que e como elas são*, ganham sua mais plena consistência, assim como o próprio eu que se emociona. Assim, não são apenas *as coisas em si mesmas e o eu em si mesmo* que alcançam realidade, mas a própria relação que o eu e as coisas mantêm entre si, o como estão reunidos, enlaçados. (Mais uma vez, pelas emoções, a possibilidade da existência da coisa em si e do eu/consciência em si se revela impossível.)

Neste entrelaçamento aparece o sentido da existência. O sentido da existência (sentido de ser) nunca é aquele pelo qual se possa responder teórico-conceitualmente (embora o possamos explicitar em palavras). Não vamos encontrar o *sentido* da existência nas explicações teóricas, nas ideologias, nos princípios morais ou legais. O *sentido* da existência está lá, no aberto da abertura dos estados de ânimo, como seu destinar-se, como seu rumo. E é este sentido da existência que vai impulsionando e pressionando toda a mundanização de nosso mundo, toda a ambientação de nosso lugar de vida, nosso trabalho, nosso fazer, nossos "habitats".

O sentido que ser faz para cada um de nós, em particular, e para nós, em comum, deixa-se ver na trama de relações significativas em que vamos tecendo e estruturando nossa vida cotidiana. Assim, se analisarmos todas as roupas e acessórios que compõem nosso guarda-roupa, poderemos ver mais do que as coisas que no nível mais imediato são tematizadas, por exemplo, como aquelas peças de que gostamos. Elas revelam o que nos atrai ou nos afasta (as texturas, os estilos e as cores que escolhemos) e, também, o *modo* como nos relacionamos com nosso corpo (cobrindo-o ou expondo-o); com os outros (querendo sua atenção, ou sua indiferença, sua piedade...); com a nossa vida (protegendo-nos, correndo riscos, à vontade, formalmente, nos segurando...) etc.

Esta *seleção* (que no exemplo se refere ao vestuário) não se dá sobre a base de uma ponderação temática do pensamento. A ponderação é sempre posterior a algo para o que já fomos pré-dispostos pelos estados de ânimo, embora ela talvez seja a primeira e a única de que nos damos conta.

A *ponderação* do pensamento apenas traz à tona e nos faz ver, mesmo que não claramente, tudo o que, em diversos modos e circunstâncias, já foi *veracizado* pelos outros. De modo corriqueiro, acreditamos que *escolhemos* apenas quando damos aos nossos gestos o aval da ponderação do pensamento e dos critérios que o orientam. Mas este aval, muito ao contrário, já foi dado, com anterioridade, por algo de que não se tem noção na maior parte das vezes: os estados de ânimo. Corriqueiramente, os estados de ânimo não são valorados como o lugar onde a *escolha* se dá. O lugar mais evidente do descompasso entre a escolha e a ponderação são as paixões. Pascal dizia já que "o coração tem razões que a Razão não conhece".

Estas ponderações, ou arrazoados, não são, por primeiro, pessoais, singulares, mas coletadas nas tramas de nossas vivências: são sociais, ideológicas, culturais, arquetípicas... São elas que se oferecem como fundamento sobre o qual a *verdade* das coisas, para a qual sempre tendemos e buscamos, se dê como *adequação* da *representação* (idéia) ao ente, ao manifesto. Venha o repertório dos arrazoados das vivências mais imediatas, da superstição e da tradição, ou venha esse repertório dos estudos mais aprofundados que se desenvolvem nas academias e centros de pesquisa, eles sempre nos dispõem, em graus diversos, os dados veracizados pelo mundo público do qual participamos e, também, nos expõem ao embate entre o veracizado e sua autenticação, entre a tirania do impessoal e a assunção da singularidade. Estamos, assim, sempre no âmbito do embate entre aquilo que se põe em liberdade (o significado das coisas e o sentido da existência) e os determinismos. Ainda que, revendo nossa situação, possamos dizer que "somos quem os outros quiseram ou obrigaram... que fôssemos", a pressão das circunstâncias ou dos outros foi apenas uma pressão, um apelo, mas quem cedeu a elas (por medo, falta de recursos financeiros, insegurança...) foi alguém, foi o indivíduo mesmo, o eu. Ele escolheu, no estado de ânimo em que a pressão ou apelo se mostrou, a favor dos outros ou das circunstâncias...

Dizer que a *versão e a aversão* em que transcorrem os estados de ânimo são a base primordial de nossas escolhas não implica que nos coloquemos numa irracionalidade e irresponsabilidade diante das coisas e do ser mesmo. O fato de os estados de ânimo não se reduzirem aos arrazoados do pensamento (impessoal) não os torna irracionais em si. Os estados de ânimo têm seu próprio *modo de ver*, sua própria racionalidade, seu próprio e peculiar saber. Não é verdadeiro, pois, que apenas escolhemos quando decidimos orientados pela ponderação.

Descartes, em sua ótica metafísica, acredita que as sensações e emoções são "ignorantes" e, portanto, devem ser submissas ao crivo da Razão (à ponderação do pensamento, à forma de racionalidade do Cogito). A fenomenologia fala exatamente o contrário. Sensações e emoções têm sua forma peculiar de *compreensão*, de desvelar/revelar os entes em seu ser. E, a partir delas, escolhemos o que fará parte de nosso ser, operacionalizando nossas atividades em seu favor, ou contra elas. O pensamento, propriamente dito, com todas as suas formas de arrazoados, apenas secunda essa escolha mais originária e não tematizada, oferecendo a ela suporte, referência, explicação, ajuda.

A Realização do Real, a Construção do Mundo e a História

O Homem mora no real. Este é seu *mundo e o seu modo-de-ser*. Mas tanto o mundo quanto o homem são, ao mesmo tempo, o fundamento (origem) e o resultado de um movimento de realização. Movimento que *dá o mundo*, movimento que *dá ao mundo*, a tudo o que nele comparece e ao próprio homem, sua chance de manifestação (ou aparência), seus significados e sentidos. Uma trama pública coletivamente construída e tornada consistente através de cada homem.

Enquanto não for testemunhado em sua relevância pública, o que existe só tem sua identidade e valor provisórios e precariamente delimitados na esfera da vida privada. Não são plenamente reais, porque só a sua aparência na esfera da vida privada não lhes confere estatuto de veracidade.

A verdade do que é/aparece está submissa ao decreto de sua relevância pública, transformando-o em algo digno de registro e duração no tempo comum, com limite imprevisível (ou melhor, até que seja decretada sua irrelevância pública). Algo digno de perdurar e, portanto, de se tornar histórico.

A história humana é este movimento circular e interminável de *realização*, no qual nada mais garante a relevância pública daquilo que aparece, senão o inesgotável e imprevisível *jogo do poder* que os homens jogam entre si, com a finalidade de se convencerem uns aos outros da veracidade daquilo mesmo que tiram do ocultamente, fazendo-a preponderar.

À veracidade do real responde a construção objetiva, política, jurídica e artística do mundo, que dá a esta veracidade a solidez e a durabilidade do que é tangível. Ao pensamento compete dar à luz este movimento de tangibilidade, o que se vai realizando neste movimento de realização.

No *movimento de realização* não são meramente coisas,

sentimentos, sensações, idéias que, ao se tornarem reais, firmam sua presença no mundo vivido. Através de tal realização, é um *sentido de ser* que se torna aparente, porque nele e por ele essas coisas, sentimentos, sensações e idéias apresentam-se como o que são. O fundo sobre o qual este movimento de realização acontece é o *sentido de ser*. O movimento de realização, por esta mesma razão, tem uma temporalidade sempre epocal, realizando esse sentido.

O real, portanto, não é o meramente concreto ou objetivo, mas o produto de um movimento de realização. Assim, quando dizemos que o homem habita o mundo, não falamos de um mundo meramente concreto como pura terra, puro planeta, mas de um mundo *realizado*. Habitar o mundo é habitar o real. A realidade não é concretude nem objetidade, mas o produto deste movimento de realização. Assim, o homem é-no-mundo realizando o mundo, as coisas do mundo, os outros e a si mesmo. *Realizar* é mais do que empreender, *é desvelar, revelar, testemunhar, veracizar, autenticar*.

O real é o produto deste movimento e, ao mesmo tempo, seu fundamento. Falamos, assim, de uma circularidade. O modo de o homem habitar o mundo é realizando o mundo, os outros, a si mesmo. Através desta realização ele *cuida de ser,* dá conta de ser. Cuidando de ser, ele realiza a si mesmo e ao mundo.

Ao se tornar real, algo não se patencia estável e inexoravelmente, mas esse algo mesmo está continuamente em movimento de realização. Inclusive, como Arendt (1981; cap. V e 1993b) explicita, é ontológico do homem ser um *iniciador*. Cada gesto humano é sempre um fazer nascer algo novo ou de novo e, assim, iniciar uma trama que vai se complementando pelos outros, que, por sua vez, também por seu gesto, vão iniciando algo novo ou de novo. Forma-se, assim, uma rede significativa de relações, a que Heidegger chama de *mundo*. Portanto, cada homem, por seu gesto sempre iniciador, principia sempre um movimento de realização. Mas, exatamente porque homem algum é um indivíduo encapsulado, solipso, e sim, ontologicamente, coexistente (plural), o movimento de realização é simultaneamente plural e singular.

O mundo é o real: na forma dessa trama de realização através da qual vamos habitando o mundo e, através de tal habitação, vamos nos revelando o próprio mundo. Por exemplo, a abertura de um caminho dá realidade à terra como suporte; a plantação dá realidade à terra como abrigo e nutrição... Aquilo a que chamamos de História é o trânsito desse movimento de realização – imprevisível e inesgotável. Um trânsito muito difícil de ser compreendido pelos relatos historiográficos, porque a historiografia se preocupa com a objetividade do fato e não com a apreensão do sentido de se ser e da realidade (o que é muito mais fácil e fidedignamente conseguido pela ficção literária, em que a preocupação é a apreensão e a expressão do sentido epocal e cultural do ser, de se ser).

A História, além de ser ela mesma o transcurso dos infindáveis percursos dos múltiplos movimentos de realização, é, também, o registro, a conservação do que se realizou e dos seus movimentos. A tal ponto que o que não for conservado e registrado para a História e pela História não existiu. O registro é o documento, o monumento..., mas também está na montagem das casas, na organização do guarda-roupa, nos alimentos que se come... em todas as facetas e formas de organização/administração cotidiana da vida. Esta organização é onde se conservam a realidade e o seu modo de ser real para um indivíduo ou para uma sociedade.

Sendo o homem singular e plural, cada um é, em verdade, o portador e o realizador da história de todos os homens. Nesta constituição do singular como plural, o existir e todas as condições nas quais a vida é dada aos homens são recebidos como uma herança múltipla e plural. Ao nascer, cada homem recebe a tarefa de ser *si mesmo*, através das heranças que também recebe: *a humanidade*, uma *historicidade*, uma *saga familiar*, entre outras. Destas heranças, em cada gesto de sua própria e peculiar existência, cada indivíduo tem que dar conta, conjuntamente.

Em cada gesto de alguém, rearticula-se o gesto de toda a

humanidade, como sua peculiar possibilidade. No engendramento do destino individual revela-se o gesto possível de todos os homens. Por isso, gestos destrutivos são recriminados e gestos construtivos são tomados como exemplares na moralidade cotidiana. Por isso reconhecemos líderes, heróis e mártires na História, que até mesmo dizemos que redimem a humanidade e restabelecem seu mais genuíno destinar-se. O herói só faz o gesto que é seu. Ele não empreende gestos de outros, não substitui ninguém, não é responsável senão por si mesmo. Mas, em cada gesto seu, apresenta-se a possibilidade aberta a toda humanidade, e que ele realiza.

O mesmo se dá conosco, que não somos nem líderes, mártires, ou heróis. Em cada momento, cada um de nós responde e dá conta da sua existência, mas em cada um de nossos gestos, empreendemos a possibilidade da humanidade como um todo. Assim como no gesto dos outros está empreendida nossa peculiar possibilidade.

O nosso mundo ôntico, em sua organização, na solidez e durabilidade de suas coisas, objetos e artefatos, conserva, segura e comunica nossos gestos e seus significados e, neles, também o *sentido* de nossas existências singulares e de nossa existência comum. Ele é o documento vivo e dinâmico em que a História vai forjando seus lastros e se preparando para o resguardo de nossa memória.

Na disposição das ruas e casas, comércio e indústria de uma cidade, tanto quanto na disposição dos cômodos e móveis de uma casa, estão registrados os sentidos e as noções de beleza, locomoção, praticidade, utilidade, sacralidade, liberdade, coexistencialidade... que quem as usa herdou, construiu, tem.

Aí está gravado o sentido da existência, acoplado com o que se diz (ou se cala) desse registro no trato cotidiano: o registro daquilo de que se cuida; de como se cuida (administrando, quebrando, destruindo, provendo...); e de como se cuida desse cuidar de algo (própria ou impropriamente).Os capítulos seguintes tratam desta última questão.

O MOVIMENTO DE OBJETIVAÇÃO E A OBJETIVIDADE

O que se torna real tem a necessidade de ser conservado para poder, inclusive, pertencer à História e constituí-la. O movimento (ininterrupto) de realização depende, para manter-se e manter o real que realiza, do que aqui nomearemos movimento de *objetivação e objetividade*. O que se tornou real, para manter-se real, precisa, em primeiro lugar, permanecer ininterruptamente em movimento de realização – o que inclui, também, evadir-se circunstancialmente para algum nível de ocultamento por tempo imprevisível, mas não o suficiente para ser eludido do mundo ou de uma certa sociedade. Fora desse movimento o real se desrealizaria. Em segundo lugar e ao mesmo tempo, o que se tornou real, para manter-se real, depende de estar conservado e à disposição, mesmo que temporariamente ocultado.

Manter o real como real, através do movimento de realização, supõe sua estruturação fenomênica de manifestação. O real é fenomênico em sua manifestação, pois pertence a ele a dinâmica inexorável do mostrar-se e do ocultar-se. Tudo o que se mostra jamais se mostra de forma estável, totalmente tangível e imutável. Tudo o que se mostra está sob a contingência efetiva do encobrimento. A realização de algo não depende apenas da presença da coisa (seja sentimento, pessoa, idéia, fantasia, elemento da natureza, artefato...), mas do olhar, do lugar iluminado e iluminante em que a coisa ganha a possibilidade de mostrar-se.

Este *olhar* por sua própria condição não é ininterrupto, ou seja, um olhar *que nunca pára de ver*. Há um *acontecimento* em que a coisa e o olhar se entretecem e, então, manifestam-se mutuamente. O olhar torna-se *olhar* desde a possibilidade de manifestação da coisa, assim como a coisa torna-se presente pela possibilidade do olhar que a vê. O olhar só é olhar quando vê alguma coisa e a coisa só é uma coisa quando é vista por um olhar. Ambos ganham existência em seu mútuo acontecer. Cada um se manifesta segundo o que e como é pela manifestação conjunta do outro. Estamos falando do que Husserl chamou de *intencionalidade da consciência*.

Portanto, e novamente, não podemos jamais falar na existência de um *olhar/consciência* em si nem da coisa em si.

Neste movimento fenomênico de aparição, tem lugar, indescartavelmente e junto com o aparecer, o ocultar-se do que aparece, do que é.

Também, lembremos, este olhar, a que nos referimos, não pode ser compreendido como um olhar meramente individual, mesmo que se trate do ver de um certo indivíduo. O que compõe o olhar individual já é, ontologicamente, a *coexistência*, ou seja, a *pluralidade*. Os outros fazem sempre parte de um olhar particular.

O movimento fenomênico de manifestação efetiva-se, portanto, como um *acontecimento coexistencial*.

O real, desta feita, não é mera coisa, mas fenômeno em realização. O que implica uma *duração* do que se realizou para que esse algo não se desrealize. O elemento temporal integra a constituição do real. Esta *duração* do real implica uma *objetivação*.

Aqui estaremos usando a expressão objetividade[1] (e seus correlatos, como objeto, objetivação...), numa outra acepção do que aquela que pertence à tradição do pensar metafísico. A metafísica toma a objetividade de algo como sua concretude apriorística (antes mesmo do que aqui apontamos como sua realização), e como sua empiria, ou seja, interpreta algo como real quando esse algo é passível de sofrer operações como a observação, classificação, mensuração, previsão, controle.

No entanto, se considerarmos mais de perto esta noção de empiria e esta perspectiva de que a empiria de uma coisa a torna um *objeto*, perceberemos que o caráter de *objetividade* das coisas a que ela se refere acaba sendo relativo à idéia ou *representação* que se faz das coisas, mais do que sua concretude. Para a metafísica, a empiria dos entes é uma noção que diz que a realidade é objetiva em si, mas sua objetividade só é alcançada com a idéia (conceito) que se elabora da coisa. O que é objetivo, portanto, na visão metafísica, acaba sendo não a coisa, mas sua *representação*. A *objetividade* não pertenceria às coisas, mas à representação das coisas. Trata-se de uma objetividade conceitual. A metafísica faz uma confusão entre a objetividade que pertence à representação e a objetividade que pertence às coisas mesmas.

Mesmo quando pensamos a possibilidade de uma objetividade, ainda que conceitual, sempre alguns elementos, constitutivos da objetividade mesma, fazem-se presentes. Que elementos são estes?

Arendt fala da *objetividade* das coisas, ou dos entes, como sendo sua capacidade de *obstar*, isto é, de oferecer *resistência* a nós que as defrontamos.

Deste ângulo, a representação de algo, enquanto conceito registrável, que se pretende como um *locus* ou um ambiente de onde o ente não escaparia de volta para o ocultamento, tem uma *objetividade*. A qualidade de objetividade da repre-

---

[1]. O termo será empregado tal como Arendt (1981, cap. IV) o apresenta e como Heidegger ([1957a] 1960) o trabalha.

sentação está na patência, na durabilidade e na imutabilidade do conceito formulado e, portanto, entificado.

Ora, um conceito, uma teoria que tenha as características de duração, de patência, de mesmidade para o maior número possível de indivíduos apresenta uma certa resistência ao homem. Em sua materialidade as coisas oferecem resistência ao homem por serem *sólidas e duráveis*. No caso dos conceitos, sua objetividade está na sua expressão ôntica: na sua própria formulação, registro e insistente comunicação.

Esta solidez e durabilidade das coisas, através das quais elas nos oferecem resistência e não subsomem sob nosso próprio modo humano de sermos-no-mundo, caracteriza, então, entre outros aspectos, o que é a *objetividade* do real. Em sua duração o real *objetivado* instaura-se, portanto, assumindo sobre si a função de também ser signo que sinaliza algo; o real é a presença que sinaliza, que se oferece como pontos de sinalização à nossa vida.

Por esta possibilidade de solidez, durabilidade, de uma certa permanência e de imutabilidade, a *objetividade* é um dom que pertence às coisas, jamais aos homens. A existência humana, diante da sua ontológica liberdade e da ontológica inospitalidade do mundo, é originariamente incapaz de qualquer fixação, inclusive em relação ao seu si mesmo; conseqüentemente, de qualquer estabilidade. Assim, a existência humana é alijada desse poder de *objetividade* que só as coisas (elementos naturais e artefatos) têm.

A *objetividade* exige e supõe que o ente tenha tangibilidade. Um certo corpo em que o real sustente sua manifestação. Esse corpo que as coisas têm (suas aparências) presentifica-se através de uma *solidez e de uma durabilidade*. Solidez e durabilidade em graus diferenciados para tudo o que existe.

Solidez e durabilidade conferem ao real sua *objetividade*, permitindo que ele obste a nós, nos ofereça sua resistência. A solidez e a durabilidade garantem à coisa sua *mesmidade*.

Estamos falando de uma *objetividade existencial*, que pertence às coisas, e não de uma *objetividade da representa-*

ção, ou conceitual, a que se refere a metafísica. Uma objetividade fundada na presença do que aparece e não no seu conceito. A origem da objetividade, tal como a pensa a fenomenologia, é a presença do que é, enquanto, para a metafísica, a origem da objetividade é o método. A objetividade de que falamos não está primordialmente na *idéia do mundo*, mas no *mundo* mesmo (rede significativa de relações, trama de significações), e presentifica-se através dos bens de consumo; dos objetos de uso; das obras-de-arte; dos discursos (Arendt, 1981).

Os *bens de consumo* são todos aqueles entes que têm por finalidade garantir a preservação da vida biológica e a satisfação das necessidades vitais. Essa finalidade só se efetiva quando tais objetos são *consumidos*. Sua duração é de um *prazo* muito curto. Consumidos, eles garantem a metabolização de nossos organismos. Se não são consumidos por tal consumo, eles se consomem pela deterioração. Eles estão, em nossa experiência temporal, no circuito do *imediato*; sequer têm a duração da vida de um indivíduo, não perduram para outras gerações. Sua objetividade é determinada por uma solidez e por uma durabilidade precárias, datadas.

Estes *bens de consumo* só existem porque são feitos para atender a uma das condições (humanas, ontológicas) na qual a vida nos foi dada – a da *vida biológica*. A atividade que os realiza é, como a define Arendt, o Labor. Não esqueçamos que a vida nos é dada como uma possibilidade de que precisamos cuidar para mantê-la e desenvolvê-la, tornando-se, então, acontecimento humano.

Os *objetos de uso* têm por finalidade construir o mundo da habitação do homem. Não são perecíveis, isto é, seu desgaste é dado pelo *uso* que se faz deles. Não se deterioram, mas se *desgastam*. Edificam sobre o mundo natural o mundo artificial de nossa habitação e servem para viabilizar nossa forma de habitar o mundo, impondo-a sobre o ritmo da natureza. O seu desgaste pelo uso é que determina sua duração, e o intuito primeiro é que eles perdurem por gerações, informando, inclusive, aos que nos sucederem, sobre o como habitávamos nosso mundo. O desgaste num objeto que chega às mãos de gerações futuras é que conserva e revela, neste desgaste, os modos como foram usados e sua serventia. Por exemplo, o relógio de alguém que viveu uns cinqüenta anos atrás revela, pelo estado em que se encontra, se seu usuário era cuidadoso, se estimava a peça, se o usava freqüentemente ou prescindia dele, o reservava... Os objetos de uso, por perfazerem esse mundo em que habitamos, constituem-se como coisas que intermedeiam nossas relações, nosso ser-com-os-outros. Lembrando Arendt, o principal atributo do mundo é o fato de ele ser comum a todos nós. O fato contemporâneo de os objetos de uso estarem cada vez mais submetidos ao tempo e à reposição pertencentes aos bens de consumo interfere nas relações que mantemos uns com os outros, na memória e na retenção de nossa história pessoal e coletiva. Com o descarte dos objetos de uso, descartamos juntamente a lembrança de nossas vivências com os outros, o que equivale a dizer que descartamos essas vivências mesmas, isto é, as desrealizamos.

Um outro exemplo: por volta dos anos 40, mais ou menos, na cidade de São Paulo, as donas de casa não iam até a padaria ou supermercado, como fazemos hoje, a qualquer hora para comprar leite. Todos os dias, a uma hora determinada, circulavam pelas ruas uma carrocinha e a figura do leiteiro. Cada um saía das suas casas, à mesma hora, com suas próprias vasilhas para que fossem enchidas com leite. As donas de casa organizavam seu dia, outras tarefas..., inclusive pela vinda do leiteiro e de seu horário peculiar. Era um momento propício, inclusive, para que as pessoas se vissem, conversassem, se encontrassem. A compra do leite tornava-se um acontecimento coletivo. E era um advento.

Hoje, ao contrário, a ida ao supermercado ou às padarias, nos horários que nos forem convenientes, performa entre nós um outro modo de relação, de organização e administração de nossas tarefas no dia. O leite não vem a nós, como trazido

ANALÍTICA DO SENTIDO

através da figura do leiteiro e sua carroça, não é esperado no *seu* horário peculiar e, portanto, perde sua aura de advento. Nós vamos ao seu encalço e, agora, o leite está disponível a nós o tempo todo. As pessoas que encontramos nessa busca não são sempre as mesmas, e com elas apenas extraordinariamente nos comunicamos. Mesmo assim é uma comunicação circunstancial, episódica, que não estimula nem cria entre nós qualquer grau de intimidade. Com isso, o caráter de ser um evento coletivo, que a antiga hora da compra do leite possuía, dissolve-se numa atividade individual, isolada.

O exemplo mostra-nos como as coisas e os circuitos em que elas nos aparecem são altamente diversificados nas épocas culturais, e como, sendo como são, determinam as relações entre pessoas. Portanto, as coisas do mundo medeiam nosso ser-com-os-outros, delimitando-o.

Os bens de consumo são, de fato, mais do que simples coisas a serem consumidas, e os objetos de uso, igualmente, são mais do que meras *utilidades*; e isto porque não são coisas isoladas, mas pertencem a uma certa estrutura que as faz significar. Nos dois momentos, o antigo e o atual do caso citado, o circuito em que a coisa leite e seus modos de aquisição se apresentam faz deles coisas diferentes, dependendo do contexto onde aparecem. Sua *realidade* é diversa.

Os objetos de uso em sua trama são suportados pelo sentido que a existência faz para os homens de um certo tempo, ao mesmo tempo que revelam este mesmo sentido. O sentido da existência transcorre e se consolida: silencioso, provedor, inconceituável – como um destino *em nome do qual se vive*.

Em meio às tramas dos bens de consumo e dos objetos de uso, as relações interpessoais ganham sua possibilidade de manifestação e estruturação. Fabricados para que o homem possa habitar o mundo, os objetos de uso têm sua chance de sobrevivência no fato de permitir a possibilidade das relações entre os homens. Como o mundo, são a mediação das relações interpessoais. Inclusive, porque entre si os homens falam de coisas que fazem, de que cuidam. Este são seus assuntos e permitem que eles se identifiquem ou não uns com os outros, que se aproximem ou se distanciem uns dos outros.

Os *objetos de uso* são derivados de uma atividade que Arendt denomina Trabalho e vêm em nome de responder à necessidade do cuidado que a condição humana da *mundanidade* requer. É característico do homem no seu ser homem construir no mundo sua morada, ambientar seu morar: a construção e a habitação do mundo constituem a mundanidade. O Trabalho é uma atividade completamente diferente do Labor, porque não está endereçado à preservação da vida e à satisfação das necessidades vitais. Aos objetos de uso devem ser acrescentadas as *obras-de-arte*, que, sendo também artefatos mundanos, têm a mesma finalidade.

No entanto, as obras-de-arte diferenciam-se dos objetos de uso porque não atendem, como eles, à dimensão da *utilidade*, pois efetivamente não servem para nada. Mesmo seu valor, inclusive o financeiro, o monetário, não lhes é intrínseco; é arbitrário e vem de critérios absolutamente externos a elas, além de mutáveis ao longo da história.

Além da utilidade, o que diferencia os objetos de uso das obras-de-arte é sua condição temporal. Seu desgaste não se dá pelo uso, mas é provocado pela ação climática, como no caso dos monumentos, quadros, esculturas, livros... A temporalidade peculiar das obras-de-arte é a *permanência*. São objetos, não do cotidiano, mas em duração na História.

A temporalidade e a objetividade têm uma relação intrínseca, à medida que a primeira determina a diferenciação da objetividade de tudo o que há. O real não é uniformemente objetivo, tal como o pretende a perspectiva metafísica, na medida em que postula a estabilidade patenciável das coisas através da estabilidade conceitual; ou seja, o real não é uniformemente objetivo como os conceitos o são.

Prazo, durabilidade, permanência são tempos diferentes através dos quais o real se objetiva em sua manifestação. Sem a possibilidade da durabilidade, o real não tem possibilidade de objetivação. Sem objetividade, o real não pode ser mediação para as relações entre os homens. Sem ser mediação entre os homens os artefatos ou objetos de uso, os bens de consumo e as obras-de-arte não podem aparecer no mundo e para nós.

A função da objetividade é a de ser corpo de aparência para o real. Além de garantir a expressão e a conservação do real, tem, também, a função da *comunicá-lo*. Como as palavras, como a fala, os objetos de uso e as obras-de-arte têm a dupla função de conservar o sentido e os modos de se habitar o mundo e de se ser uns-com-os-outros e, simultaneamente, o de comunicar. Porque comunicam significações e sentidos, a fala, os bens de consumo, os objetos de uso e as obras-de-arte revelam e conservam estes mesmos significados e sentidos, e vive-versa.

A objetividade não tem, então, só o caráter de obstar e resistir aos homens, mas também o caráter comunicativo. Dada esta possibilidade comunicativa é que as coisas podem ser apreendidas em sua objetividade. A objetividade não pertence meramente à coisa nem meramente à representação, mas a este acontecimento em que a coisa e o homem reunidos, em conjunto, se manifestam mutuamente.

Todo real manifesta-se fenomenicamente, mostrando-se e ocultando-se.

Fenomenologicamente, o movimento de objetivação e a objetividade do real diferem da postura metafísica, à medida que, para esta última, entre objetividade e a coisa em si há uma correlação. Para a metafísica a coisa em si tem sua própria objetividade, enquanto é objeto empírico. Correspondentemente, esta qualidade de objetividade que tem o objeto empírico é decorrente de sua representação. Dai que a objetividade do real (coisa em si), tal como é postulada através da ótica metafísica, pertence efetivamente à representação do real e não a ele mesmo. Através da representação é que a coisa em si se torna objeto empírico, ficando sua realidade parametrada por sua mera presença no mundo, por sua mera existência (modernamente falando).

A objetividade da coisa em si, portanto, metafisicamente, coincide com sua representação. Assim, não há possibilidade da objetividade da coisa se esta não for tornada um objeto empírico que, por sua vez, é também uma representação do que é a coisa sob a possibilidade de um conhecimento que dela se certifica e a calcula. A metafísica, então, trata da objetividade do conceito, da representação, da lógica, do método.

Para a fenomenologia, como dissemos, a qualidade de objetividade do real não depende da objetividade da representação, mas a pura presença das coisas é a origem, o dado primordial em que sua possibilidade se funda.

Para a fenomenologia, a qualidade de objetividade do real se constitui ela mesma por alguns elementos estruturais: uma tangibilidade (um corpo); uma estabilidade/duração, formada pela solidez e durabilidade (variáveis, por exemplo, de um grão de trigo ao aço; de um bem de consumo ao objeto de uso e à obra-de-arte).

Quanto à duração dos bens de consumo, já a enunciamos como um prazo determinado por sua perecibilidade. Já os objetos de uso têm durabilidade determinada não por sua consumação, mas pelo seu desgaste ocasionado pelo uso. Como tal, trazem em si as marcas de seu uso, de quem os usou e como. Esse desgaste não é uma falta de pedaços do objeto de uso, mas sua marca, um registro que o bem de consumo não pode receber nem preservar. Aos objetos de uso, justapõem-se as obras-de-arte, que não têm duração, mas permanência, porque não sujeitas ao manuseio, mas à ação do próprio tempo. Mesmo porque não se destinam a nenhuma utilidade e sim à contemplação.

Do mesmo modo como o caráter de ser bem de consumo da coisa não está na coisa, mas na sua consumação, o caráter de ser objeto de uso não está também na coisa, mas no seu uso, e o caráter de ser obra-de-arte não está na coisa, mas na sua contemplação.

Através do manuseio e da lida com os bens de consumo, objetos de uso e obras-de-arte, os homens tomam a forma do seu mundo, do mundo de onde emergiram e do qual fazem parte, alimentando, então, o modo de ser desse mundo e sendo ao seu modo. Do ponto de vista ontológico, esses bens e objetos, como salienta Heidegger, podem ser genericamente compreendidos como coisas-à-mão (quando se os utiliza em atividades para as quais eles servem, no momento mesmo de seu manuseio) e como coisas ante-os-olhos (quando elas saem da sua condição de estarem em uso e são, de diversos modos, objetos de tematização).

Reafirmando, os *modos de objetividade do real* mudam em função do vivido e não do pensar ou do conhecimento. Também os movimentos de objetivação se diversificam: ora têm o nome de Labor, ora de Trabalho (e arte). Se submetidos ao viés metafísico do conceito, as múltiplas faces da objetividade do real, bem como seus movimentos de objetivação, ficam uniformizados sob a proeminência da representação.

A Objetividade das Coisas e a Singularidade do Humano

Paralelamente ao Labor e ao Trabalho, há uma outra atividade que Arendt chama de Ação, cuja finalidade não é exatamente a preservação da vida biológica e o atendimento de suas necessidades, nem mesmo a mundanização da existência. Pela Ação o que se pretende *realizar* não é o mundo, mas o próprio homem. Não particularmente o ente homem, mas seus feitos, gestos e discursos.

Os discursos e os gestos, através da Ação, destinam-se aos cuidados e ao desdobramento da condição ontológica da coexistência ou pluralidade e, simultaneamente, da singularidade.

O que vai garantir a conservação e uma certa objetivação dos feitos e discursos é seu registro. Gestos e discursos precisam de uma outra *aparência* para poderem durar entre os homens. Gestos e discursos dependem de corpos de outras coisas que não eles mesmos para conquistar sua tangibilidade. Tal como a pátria, que precisa da bandeira e outros símbolos e ícones para fazer-se presente tangivelmente diante de nós.

Cada gesto, como já o dissemos, reinicia todas as coisas

que já eram, num modo novo. O gesto de cada um sempre desencadeia uma série de outros gestos, reações dos outros, imprevisíveis em seus fins, e conseqüentes iniciativas.

Que o gesto de cada homem seja sempre iniciador, a cada momento, está dado por sua constituição ontológica. Arendt entende que a natalidade e a mortalidade são condições também originárias nas quais (como a vida biológica, a mundanidade e a pluralidade) a vida é entregue ao homem e sob seus cuidados. *Iniciar* é uma possibilidade fundada na condição ontológica do nascer. Cada homem está sempre nascendo e se reiniciando em cada instante. E este gesto que está sempre provocando a ação iniciadora, como uma cadência, dos outros com quem se é no mundo. E isto, mesmo que o gesto em questão seja um gesto habitual, portanto, repetido, pois a repetição, no caso dos gestos humanos, nunca é um fazer o mesmo tal qual já efetuado, mas fazer algo já feito em oportunidades anteriores; dar oportunidade para que o mesmo modo de agir (gestuar/falar) compareça e se atualize mais uma vez.

Os gestos, desencadeando outros, vão, então, construindo uma teia de relações humanas, uma trama que vai, ao longo do tempo, se consolidando ou pela habitualidade, por exemplo, ou pela tradição... Mas esta teia, por mais desejada ou idealizada em sua forma final, é sempre imprevisível. Esta trama é tão fugaz quanto a vida humana, igualmente insólita. Sua chance de solidez está fora dela mesma, no registro das leis, documentos, monumentos e, mais imediatamente, nos objetos de uso, bens de consumo, obras-de-arte.

Considerados em sua própria natureza, a duração dos feitos, gestos e discursos está previamente demarcada pelo tempo de seu pronunciamento sob testemunho. Findo o testemunho, os gestos e os discursos esvanecem-se, a menos que tenham uma outra forma de registro que garanta sua tangibilidade (fotos, filmes, gravações... que funcionam como meros registros, índices), mas já não são eles mesmos do mesmo jeito.

Pelo testemunho dos outros a seus gestos, feitos e discursos, os homens são quem são. Mas a objetividade pretendida de *quem eles são* se esvai ininterruptamente, porque, pela sua condição ontológica da natalidade, seu gesto é sempre um reinicio de si mesmo. *Quem* alguém é só pode ser fixado pelos outros depois da sua morte. *Quem* alguém é, é sempre quem alguém foi (Arendt, 1981). Uma vida tecida na trama dos outros com quem interagiu e das coisas que com eles (ou contra eles) fez, sobre as quais falou, e dos negócios humanos que com eles manteve em comum (ainda que em discórdia). Assim, quem alguém é/foi, no registro do texto ou da memória de outros, é sempre uma biografia que só se constitui pela sua coexistência no mundo.

Os gestos e os discursos (cada um deles), através dos quais o *quem alguém é* pretende alguma objetivação, mesmo se registrados devidamente, findam quando finda seu testemunho.

Enquanto os objetos de uso, de consumo e as obras-de-arte permanecem como corpos tangíveis, cada gesto e cada discurso acabam tão logo termina seu pronunciamento. Simultaneamente, não sobram (salvo se devidamente registrados) como coisas tangíveis em si mesmas para o testemunho, como um pacote de farinha ou uma espátula. Só a rememoração desses feitos e discursos registrados, em que se reaviva o *sentido* que tiveram, pode retirar esses feitos e falas registrados da condição de meras coisas.

O testemunho virtual ou atual dos outros é fundamento do próprio pronunciamento dos gestos e palavras. O que se faz e fala tem sua provocação essencial na possibilidade de seu testemunho.

O que se pretende objetivar, então, através do discurso e dos gestos, da Ação, são os homens mesmos em sua condição plural de humanidade e em sua própria singularidade. Essa tentativa de objetivar-se como um *quem* tem a duração mesma da vida, desse intervalo entre o nascer e o morrer. Gestos e discursos constituem, na tentativa de objetivação de quem alguém é, a singularidade de cada homem.

A temporalidade de quem alguém é, ainda que submissa

ao testemunho e, portanto, à sua duração, está circunscrita ao tempo de vida desse alguém. Esse é o tempo imediato de sua singularidade.

Mas esse quem alguém é, pela condição humana da pluralidade, faz com que seu *quem* seja também o de toda a humanidade. Portanto, sua duração incorpora a duração de toda a humanidade. O *eu* é sempre si mesmo e os outros, todos os outros.

A singularidade preserva-se na temporalidade da projeção de uma *história*, através da qual e na qual se engendra o destino peculiar de alguém, que se entrecruza com a temporalidade da projeção da *História*, na qual se objetiva o destino coletivo, através do qual o indivíduo se entende a si mesmo em sua pluralidade e se conduz para sua singularização.

Cada um de nossos gestos realiza, objetiva a possibilidade da Ação – dos gestos e discursos de toda a humanidade – de todos os homens.

O que se pretende objetivar através da *singularização* de um quem, é um *modo de alguém ser*. Um modo de como alguém é humano. Napoleão, por exemplo, é um *quem* que realizou o humano num certo modo. Napoleão é um modo de ser gente a um lugar e tempo. Ele realizou o humano à sua maneira, e isto significa que ele, em seu movimento de ser, realizou a singularidade e a pluralidade de quem ele mesmo era.

Ser, portanto, é sempre a realização de um modo de ser.

Quando nos referimos aos objetos de uso, devemos ver neles mais do que meras coisas que estão aí disponíveis no mundo, mas entes que reúnem, conservam, guardam em si, no que são, os modos humanos de se habitar o mundo e cuidar da vida. Objetos de uso, bens de consumo, obras-de-arte revelam através de si modos dos homens habitarem seu mundo: mundanizando, preservando a vida e atendendo às necessidades vitais, coexistindo, cuidando de ser quem singularmente são. Eles são as possibilidades de segurar, neles mesmos, a objetividade pretendida, mas impossível ao ente homem em sua existência.

Por exemplo, até mesmo por sua simples aparência, uma cadeira fala mais do que de si, fala de entes (os homens) que se locomovem, que se cansam, que param periodicamente...; e por suas marcas fala se esses homens a usam muito ou pouco, se com gentileza ou violência, se a apreciam, valorizam ou se lhe conferem pouca importância...

Também uma agenda, em outro exemplo, fala-nos de homens que registram seus compromissos, que têm variações de atividades, que podem se esquecer. Falam de pessoas que organizam seu dia-a-dia e o planejam de um certo modo, com certa regularidade, esporadicamente etc. Elas revelam, portanto, mais do que a si mesmas, são objetos de uso para tal utilidade e são o índice, o ícone e o *locus* do modo de homens viverem seus compromissos, desempenharem suas atividades e tarefas. Elas são também o registro da organização do tempo por alguém em particular e de um certo modo.

Esse mesmo objeto, que é um objeto de uso comum ou disponível a todos, embora já tenha publicamente determinada a maneira de ser usado, ainda assim pode ter seu uso alterado, modificado, diferenciado por todos os indivíduos que têm acesso a ele. Assim, ao mesmo tempo que ele mostra um modo de habitar o mundo de um grupo, de uma coletividade, mostra o modo de uma singularidade habitar o mundo e cuidar de sua vida.

O REAL E O SENTIDO: OS MODOS-DE-SER

Através do Labor, do Trabalho e da Ação (Arendt), os homens vão garantindo ao real sua objetivação, portanto, sua objetividade. Trata-se, *grosso modo*, da produção do mundo e da construção da História. Simultaneamente e através destes produzir e construir, todo e cada homem vai cuidando de ser si mesmo enquanto singularidade e pluralidade, no desenvolvimento de seu destino pessoal e coletivo. Assim desenvolve seu ser-no-mundo, lidando com as coisas e falando com os outros (Heidegger).

Quando o real se torna objetivado, nele se instala uma capacidade de nos oferecer resistência, de permanecer para além da vida humana individual e imediata. Como tal, insere-se como ente constituinte e constituído pela trama significativa do mundo, sendo *signo* desse mundo.

Objetivado, o real é *signo* de uma trama significativa, fora da qual ele é mero troço, coisa nenhuma, perdendo sua *realidade e significação*. Nesta mesma medida, cada signo reúne e guarda nele mesmo a complexidade e a significação da trama a que pertence, revelando as relações que entre eles se mantêm. Cada signo contém em si o registro, a conservação e a sinalização de um certo *modo de se habitar o mundo*. Como signos, os produtos das atividades humanas guardam o modo de ser dessas atividades. Cada coisa, como signo, reúne em si o que ela mesma é e como é, além da utilidade que lhe é conferida, das formas pelas quais coletiva e individualmente os homens se mantêm na lida com ela e dos modos dos homens se relacionarem entre si, consigo mesmos, com o mundo, com a existência. Assim, todo e cada signo (real objetivado) é mais do que mera coisa, é o registro de um *modo de se habitar o mundo, portanto, de se cuidar da existência*.

Habitar o mundo é sempre *habitar um modo de se habitar o mundo*. Os modos de habitar o mundo com-os-outros estão inscritos nos signos e são estes modos que perfazem o que podemos chamar de *significação* (o mesmo que trama significativa ou, como Heidegger melhor expressaria, o mesmo que mundo).

As coisas não são simples coisas, mas a objetivação de modos de ser.

Simultâneo à significação de tudo o que há, constitui-se e desenvolve-se o *sentido de ser*. O sentido de ser – *o rumo do ser* – expressa-se como um *modo de cuidar dos modos de se cuidar da vida*.

Vejamos: habitar o mundo e contrui-lo, preservar a vida biológica e atender às suas necessidades, tratar de ser si mesmo em sua singularidade e pluralidade é o que ontologicamente podemos chamar, com Heidegger, como já enunciamos em outros momentos, de *Cuidado*[1]. O homem existe, cuidando de seu existir, cuidando de existir. Este é seu ser, seu modo de ser fundamental, prioritário entre todos os outros, a base da diferença ontológica entre os homens e os demais entes.

Cuidando de existir, os homens, então, tomam para seu cuidado tudo o que pertence à existência: o mundo, as coisas

---

1 – Cf. Capitulo II deste trabalho e Heidegger ([1927] 1974), Parte I, cap. VI.

ANALÍTICA DO SENTIDO

do mundo, os outros homens, si mesmos. Mas este cuidar de ser não é aleatório, nem mesmo cuida-se de qualquer coisa. O cuidar é, ainda que veladamente para a consciência, *seletivo*. Individual e/ou coletivamente, os homens *escolhem* o que vai estar sob seus cuidados, aproximando-o e afastando-o de sua cercania, de sua cotidianidade, de seu mundo vivido, de sua atenção, de seu interesse. O cuidar de ser é uma possibilidade que se estrutura sobre uma escolha[2] com tríplice aspecto: do que se vai cuidar do que não se vai cuidar; de *como* se vai cuidar e/ou não cuidar; de como se vai cuidar do cuidar mesmo.

É cuidando de ser, é dando conta de ser que os homens existem como homens e como o homem que cada um deles é.

Mesmo ao receber, quando nascemos, por herança, um mundo já pronto para se cuidar dele, ainda assim recortamos esse mundo herdado, escolhendo de que e como cuidar, dos circuitos mais imediatos aos mais longínquos.

Envolvendo ou associada a esta faceta da escolha do *de que cuidar*, a segunda faceta é aquela que diz respeito à maneira de se cuidar das coisas; falamos da escolha *dos modos de cuidar*.

Por exemplo, tomemos o *cuidado* que todos os povos têm para com os mortos. *De que se cuida* é dos mortos, mas o *modo de se cuidar* deles pode variar desde enterrá-los a embalsamá-los, cremá-los, indo se esperar a morte só e isolando-se dos outros com quem se convive... Modos tangíveis, coletivos, já objetivados, condicionados, renovados, desistidos.

As escolhas relativas ao *de que cuidar e ao como cuidar* convivem indissoluvelmente. A desrealização ou eliminação de uma implica a eliminação da outra.

Em primeira instância, esta escolha do *de que* cuidar e do *modo* de se cuidar – que são mais culturais, digamos assim, disponíveis a todos e empreendidos hegemônica e uniformemente por todos – está no âmbito do que chamamos *significação* (a trama do mundo).

---

2 – Ver Capítulo 111 deste trabalho.

O terceiro aspecto, o elemento da escolha, é o que mais direta e propriamente nos remete ao âmbito do *sentido*: o *modo de cuidar* do modo de cuidar do que se tomou sob cuidados. Cuida-se, por exemplo, *planificadamente* (modo de cuidar) do dia-a-dia. Mas como? Entusiasticamente, tristemente, distraidamente, com mau humor, como vítima, despoticamente, devotadamente... É através dos estados de ânimo nos quais se cuida de existir que o *sentido* originariamente se manifesta. Através deles é que ser *faz sentido* para nós.

Os estados de ânimo são modos de se cuidar de existir, em que se sinaliza se existimos tomando nas mãos nossa própria existência, ou deixando que os outros se encarreguem disso, isto é, em que sentido existimos: *própria ou impropriamente* (modos ontológicos do cuidar) (Heidegger ([1927] 1974).

Lançados num mundo desde nosso nascimento, somos chamados, convocados e pressionados para sermos *um qualquer dos outros*; convocados a ser o que e como os outros são. Convocados a aprender a ser *impessoais*. Somos chamados para sermos como se é no mundo, como se é de praxe, segundo o padrão. No máximo, o que é admitido como modo próprio de se cuidar de ser é um *estilo pessoal*, mas jamais um rompimento do padrão. Esta impessoalidade não é uma entidade, uma pessoa ou uma coletividade, uma coisa, mas *um modo de se cuidar da vida inautenticamente (ou impropriamente)*.

O que compõe a impessoalidade, ou seja, seus assuntos e seus elementos, é tudo de que se cuida e os modos de que se cuida (em todas as alternativas disponibilizadas histórico-culturalmente); isto é, os dois primeiros elementos da escolha que mencionamos acima.

Mesmo vivendo ou desenvolvendo esses modelos da impessoalidade, sempre, de alguma forma, o fazemos a nosso peculiar modo. Não nascemos apenas plurais e para sermos impessoais, mas sentimos um apelo muito peculiar de vivermos a vida segundo quem nós mesmos somos, como quem nascemos.

Durante toda nossa vida, inclusive, vivemos a impessoalidade, segundo quem nós mesmos somos. Vivemos querendo ser o mais igual possível aos outros para podermos ser nós mesmos (identidade impessoal/plural) e, ao mesmo tempo, querendo ser o mais diferenciados possível dos outros, para, também, sermos nós mesmos (identidade singular).

A identidade absoluta com qualquer outro é insuportável. Quando ela aparece como alternativa e até mesmo desejo, desenvolve-se como doença, como um modo de ser deficiente.

Cada um de nós passa toda a vida tratando de ser *quem* somos, como quem nascemos: encarregados inexoravelmente de sermos nós mesmos e impossibilitados de o sermos pelos outros, como os outros estão ontológica e onticamente impossibilitados de serem por nós ou a nós mesmos.

Esse ser quem somos, próprio, precisa ser aprendido, isto é, precisamos aprender a deixar de ser quem somos, *impropriamente*, para aprendermos a ser quem, *propriamente*, podemos ser. Aprender a ser quem nós mesmos, propriamente, podemos ser: apesar, independentemente, ou mesmo por causa dos outros. O encontro ou a aprendizagem de ser quem propriamente nós somos é um acontecimento que se abre como uma compreensão, como um dar-se conta de que fomos o que outros (quaisquer, definidos, vários, inclusive em situações peculiares, personais ou institucionais) quiseram, determinaram que fôssemos, influenciaram-nos.

Tal dar conta de ser impropriamente sempre é o que se percebe como um ter sido impróprio, algo que pertence, de alguma forma, a um passado, mas que já não nos absorve mais tão tenaz e insuspeitadamente como até então. Já, dar conta de ser *propriamente* abre-se diante de nós mesmos como uma possibilidade nossa, peculiar, que só a cada um de nós pertence, aí adiante e que ninguém, ninguém mais pode realizar.

Nesse momento, *quem propriamente nós podemos vir-a-ser* nós ainda não somos, embora também não sejamos mais aquele *quem impróprio* como quem nos reconhecíamos. Um momento que só tem lugar quando a vida vivida *cai*, digamos assim, num vazio. O vazio revela, pela sua ausência, o sentido que a vida vivida tinha, revela o *em nome de que* viver e ser como se era acontecia. Pois, absorvida nas significações, a vida é toda compreensível em seus pormenores e detalhes, nunca vazia de sentido, mas, ao contrário, plena dele.

Quando o vazio comparece diante de nós, somos capazes, então, por exemplo, de perceber o quanto nos custava fazer tal coisa, como tal outra fazia falta..., isto é, perceber o existir na sua mais genuína compreensão: de como o quem/eu estava envolvido, dominado, absorvido numa série de circunstâncias, de necessidades, de ocasiões, de acasos, de malentendidos, de equívocos... Então, o eu mesmo não é vítima dos outros; ele se vê ou pode se ver como agente ou co-agente de seus desvios, equívocos etc.

Desde então, a necessidade *sentida* é a de se recuperar um *sentido* (novo) para ser. A necessidade de reconstruir ligações com o mundo e com os outros. Na experiência do vazio, todos os laços que mantínhamos com as coisas, com o mundo, com nossas atividades, com os outros se desfazem. Podem até manter-se teórica e tematicamente, mas não pela vivência.

Por essa ocasião, é freqüente a tentativa de se buscar o apoio ou a ajuda dos outros. Mas, seja o que for que o outro diga ou faça, essa nossa ligação perdida com o mundo, com as coisas, com os outros não se restabelece de pronto. E é justamente esta ligação com a vida que nos faz falta.

Esta experiência do vazio, esta compreensão da falta de sentido que o mundo faz é o que Heidegger chama de *angústia*. Não é tristeza, nem ansiedade, nem medo (embora possamos responder à angústia com a tristeza, com a ansiedade, com o medo). É apenas uma compreensão: a de que nos falta *mundo* (rede de relações significativas), nos falta nosso *próprio ser.*

A experiência da angústia sempre nos revela sós, entregues a nós mesmos, por nossa própria conta para dar conta de ser. E aí, cada um de nós tem que achar a própria saída. Aí já perdemos, positivamente, a ilusão de que é o outro quem nos pode dizer e dirigir para ser quem somos, ou como devemos dar conta de ser. Quem o eu é, só ele mesmo pode saber, dizer, realizar, mesmo porque, nesta compreensão angustiada de seu ser, o eu compreende que ninguém pode viver por ele sua vida, assim como ele não pode ser ninguém, nenhum outro que não ele mesmo. É a experiência de um isolamento, não de um apartamento, a descoberta de que, se o eu não se empunhar, ninguém "o" poderá ser, e, se o eu não der conta de ser quem ele mesmo é, não terá paz nem será feliz.

Na grande maioria das vezes, quando nosso existir cai nesse vazio, o comum é ter medo do vazio mesmo e do que se abre nessa experiência, e fugir. E isto, porque os outros desde sempre ameaçam com a hipótese do nosso abandono, da nossa ostracização, de um julgamento e de uma condenação a nosso respeito. Sobra, também, a hipótese de que ser quem propriamente o eu pode ser pode não dar certo, pode redundar num fracasso, exigir esforço; a fuga pode ter várias motivações, do medo à ignorância, à preguiça, entre outros.

Diante deste vazio, em que compreendemos que fomos *quem nós mesmos somos, impropriamente*, também nos é dada a possibilidade de não fugir, mas de nos decidirmos a vir a ser quem, *propriamente*, nós podemos vir a ser. E isto, apesar de todas as ameaças, dificuldades, obstáculos etc. com que nos defrontaremos, inclusive sob o risco de não conseguirmos coisa alguma. Sob esta decisão, parece-nos absurdo e um desperdício da vida (de tempo, de nós mesmos) não nos empenharmos em dar conta de ser propriamente nós mesmos.

Quem, *propriamente*, seremos abre-se diante de nós como um mistério a ir-se revelando e constituindo aos poucos, mas de antemão não o sabemos. O que, também, não tem mais tão grande importância. Esta decisão é apenas e unicamente a tentativa de responder à vida não tão subordinados aos outros. Tentar significa empenhar-se a cada momento, e não ficar à mercê da sorte ou do azar, mesmo porque, como eludir a descoberta de que só o eu pode realizar o que lhe cabe realizar? Como ocultar a descoberta de que só o eu pode ser quem ele é e está para ser?

Todavia, *quem propriamente* o eu pode ser é uma *possibilidade* que se abre diante dele projetada sempre para diante, por isso dizemos de uma *possibilidade* e não de uma alternativa, de uma probabilidade ou de uma potencialidade.

Quem, propriamente, o eu será é imodelável desde o presente. Sua mais tangível configuração está apenas em que não se quer mais ser como se estava sendo: como se estava escolhendo cuidar das coisas, do mundo, e como se estava escolhendo cuidar desse cuidar.

De que, então, o eu se apropria para ser *quem propriamente* pode ser? Não de si mesmo, mas de sua *decisão* de projetar-se em direção a dar conta de ser, segundo suas próprias possibilidades. Esta é sua *liberdade*.

Tornar-se *quem propriamente o eu* é, é apenas a decisão por um poder. Um poder que não indica qualquer posse. *Ser propriamente* é empunhar esse poder, apenas o poder de querer ser si mesmo.

Quem propriamente o eu pode ser é sempre uma projeção pouco definida, mas decisiva, que está à sua frente. Somente com seu ôntico morrer, o eu terá realizado sua última possibilidade. Aí, quem ele terá sido, os outros o vão poder dizer (ver Arendt). Nosso grande problema é que sempre estamos querendo nos ver como uma coisa acabada, que pode ser contabilizada, desenvolvida e tambem enfeixada numa *persona*. Temos grande dificuldade de nos percebermos apenas como *realizadores de possibilidades*, em modos diferentes (modos de cuidar e modos de cuidar do modo de cuidar – estados de ânimo e apropriação).

Por exemplo, quando alguém experimenta o vazio de sentido em que seu dar-se conta de ser se abriu diante dele, compreende-se, digamos, como tendo sido egoísta (por modelo familiar, por medo, por sua segurança pessoal...) e se projeta a si mesmo como pode vir a ser uma pessoa mais disponível para os outros, mais generosa; assim está fazendo uma projeção. Quem ele pode propriamente ser é uma projeção. Em cada situação em que essa pessoa agir generosamente, ela apenas realizou sua possibilidade de generosidade, mas não adquiriu um atributo do ser generosa. Ser generosa é uma possibilidade que tem que ser realizada em cada nova situação. Inesgotável, até sua morte. Até seu morrer a pessoa estará perscrutando sua possibilidade de ser, no caso, generosa. A pessoa só pode empunhar sua decisão de ser (generosa).

Na vida cotidiana, somos sempre na *impropriedade*, dando conta de ser nos modos da impessoalidade. A *impropriedade* tem *realização*, enquanto a *propriedade* é sempre uma *possibilidade*, uma projeção.

No exemplo, ser generosa é socialmente considerada uma "qualidade" positiva e nada tem a ver com a *propriedade*. Esse modo (generoso) de corresponder aos outros na vida pode, ele mesmo, tornar-se uma forma de impedir que o eu seja *quem propriamente* ele pode ser. Portanto, todas as maneiras de se ser na vida, culturalmente consideradas como positivas (como a bondade, a justiça, a caridade, entre outras), nada têm a ver com a possibilidade de uma vida própria, mas com uma moralidade social. Alguém pode ser justo, caridoso, despojado e, ainda assim, ser impróprio, porque essa sua justiça, caridade... podem ter sido coordenadas por outros. E, de modo geral, são sempre possibilidades de ação configuradas e disponíveis para serem empreendidas tal como foram interpretadas a um dado tempo e em uma dada sociedade; para todos indistintamente, para um coletivo (impessoal).

Assim, ser propriamente quem se é, no caso, é uma possibilidade que se realiza: às vezes através de ações generosas ou, às vezes, até pelo que socialmente se interpreta como egoísmo. *Apropriar-se de quem o eu pode ser, de seu ser, o eu realiza apropriado-se apenas de sua liberdade* em relação ao seu mundo, aos outros e à sua persona mesma.

O eu pode apropriar-se de seu *poder ser quem propriamente* pode ser, reiterando, refazendo escolhas anteriores que só através da experiência da angústia pode perceber que são impróprias. Porém, a realização desta sua possibilidade, o eu só a pode efetivar, objetivar, religando-se à teia da impropriedade, da impessoalidade de seu ser-no-mundo, pois só através dela ele pode se *comunicar* com os outros.

O eu se apropria, portanto, de sua decisão pela liberdade: a empossa (não se apossa dela) e, desta maneira, refaz o sentido da inospitalidade no qual, através da angústia, seu mundo lhe foi aberto. Através da apropriação da existência, a inospitalidade do mundo reapresenta-se como a essencial e originária liberdade de ser que pertence ao ser.

Ser, portanto, faz sentido para o homem, não apenas pelas suas significações públicas e pelas articulações lógicas. Ser faz sentido quando, através do que faz e nos modos pelos quais faz, alguém chega a ser mais, ou menos, propriamente ele mesmo. Uma propriedade ou impropriedade, cujos índices estão nos seus estados de ânimo. O sentido que ser faz exibe-se nos humores, nas emoções. Entre elas todas, a única que pode remeter o eu à possibilidade do seu poder dar conta de ser, propriamente, como *sua* possibilidade, é a angústia diante do seu deixar de ser no mundo.

Não é à toa que o pensar genuíno é um pensar angustiado, a questão de onde partimos neste estudo.

O ser faz sentido antes ao coração do que ao intelecto. Por isso mesmo aparece como algo sempre pleno de misteriosidade, e não como algo perfeitamente definível em conceitos ou idéias.

Fenomenologicamente, ser faz sentido diante de se ser mesmo, do se estar existindo e não diante da conceituação. Aqui, a distinção da fenomenologia com a metafísica. "O homem é o ente, entre outros, que tem seu ser como questão." E, desde esta questão, em que dar conta de ser se manifesta, é que a própria conceituação pode ser requisitada como um dos modos ônticos possíveis de se ter uma compreensão dela.

A fenomenologia existencial é um olhar que distingue e vê além do impessoal, portanto, à diferença da metafísica, ela conta, necessariamente, com a perspectiva da singularidade. A metafísica incorpora e interpreta a singularidade como subjetividade,[3] mas já está claro que subjetividade e singularidade são fenômenos distintos entre si. A singularidade é elemento distintivo em que o homem não é apenas um *sujeito epistêmico*, mas existencial, se pudermos dizer assim, um *realizador de cuidados*. O homem em sua singularidade tem que entender o modo como cada um cuida de ser si mesmo, sendo plural.

O sentido de ser se aloja nas tramas cotidianas de se viver no mundo, mas só se evidencia, genuinamente, pelos estados de ânimo através dos quais, nesse mundo, cada homem o experimenta. A trama é uma objetivação que funciona apenas como uma referência e, portanto, como solicitante para o impessoal, mas, ela mesma, nas suas tangíveis normas e instituições, não é a realização do sentido, porque a trama é apenas a relação entre os homens, mediados pelas coisas intramundanas (o real objetivado).

Tal trama, digamos, desvela, revela, testemunha, veraciza os modos de se cuidar de ser, na qual (trama) o eu autentica (ou não) o que ela mesma lhe libera como possibilidade plausível de ser (impessoal).

A trama do mundo (significação) é uma tessitura dos modos de se cuidar, singular e pluralmente, própria e impropriamente de se ser.

---

3 – Expressão forjada na modernidade que diz respeito ao homem visto como Cogito, como Razão.

CONCLUSÃO:
ANALÍTICA DO SENTIDO

Diante da provocação de se configurar uma metodologia de investigação e análise fundada e orientada pela fenomenologia, ao longo de alguns anos fui identificando e recortando elementos do pensamento de Martin Heidegger e, mais tarde, de Hannah Arendt que mais me pareceram adequados para a consecução da tarefa.

Como vimos, tal como a metafísica, a fenomenologia não é uma teoria ou um capítulo de uma visão de mundo, mas ela mesma é essa visão abrangente de mundo, esse modo fundante de se compreender a existência que se põe ou se oferece como uma possibilidade de estruturar os modos ônticos, concretos de pensar e ser de uma civilização.

A metafísica é um modo de ver abrangente, que deu origem a todos os saberes desenvolvidos como ciências, que se põe como origem dos saberes e de toda a estruturação social, política, econômica de nossa civilização.

Assim, a fenomenologia abre-se como um novo chão possível e, até então velado como tal fundo e fundamento, sobre o qual e desde o qual os conhecimentos dos homens e seus modos de ser-no-mundo podem se reconstituir.

Em vista desta constatação, seria uma imprudência imaginar que a fenomenologia teria de seu apenas *uma* viabilização de procedimentos de investigação. A fenomenologia terá, certamente, várias maneiras de permitir, concreta e operacionalmente, a aproximação e a interpretação do real. Serão diversas e diferenciadas *articulações metodológicas,* sempre desenvolvidas num acordo com a questão e o fenômeno que provocarem o querer saber a seu respeito.

De qualquer forma, as articulações metodológicas emergentes da fenomenologia terão em comum a interpretação de que o ser não é a identidade lógico-conceitual do que quer que seja, mas *uma condição ontológica do ente homem*: uma condição na qual a vida lhe foi dada e da qual ele tem que dar conta até seu morrer (como indivíduo e como espécie). Uma interpretação desde a qual não há referência ao ser, como uma expressão gramaticalmente substantiva, mas fala-se de ser, gramaticalmente, como uma expressão verbal, que, através de cada homem que é (nasce), recebe sua peculiar conjugação.

Ser é, então, o poder de manifestação peculiar ao homem, em diversos modos. Ser não é a idéia, a representação da universalidade das qualidades genéricas e específicas dos entes, nas quais estes têm sua possibilidade de ser garantida pela abstração, inclusive, de sua singularidade.

Estas delimitações, rapidamente esboçadas, apontam para uma outra compreensão que se inaugura a partir da crítica fenomenológica à metafísica. A saber, de que a metafísica constituiria uma redução do ontológico poder humano de compreender numa arte-facção desse compreender em uma certa modalidade. Tratar-se-ia, pois, de uma modalização que constrange o homem em suas primordiais possibilidades de conhecer/ser, artificializando-as, e que se impôs, equivocadamente, como aquele modo de conhecer que lhe seria originário.

Mas, como já mencionamos, o que garante esta modalização do ser e do saber, de fundo metafísico, é apenas o fato da metafísica ter logrado, através da conceituação ou representação do mundo, eludir a impermanência em que ser se dá.

Através, pois, da formatação do saber/ser, engendrada secularmente desde sua postulação, o controle de ser através da representação acaba por manter-se como a forma característica da habitação do mundo, mais proximamente moderna e contemporânea e mais ampliadamente ocidental.

Frente a este panorama, delineado nos capítulos antecedentes, é que se deverá, então, pensar na possibilidade de uma articulação metodológica de conhecimento que seja *fenomenológica* ou, o que me parece também adequado, de ser uma estrutura fenomenológica de aproximação e compreensão do real.

Como *uma* dessas possibilidades metodologicamente fundadas na fenomenologia, está o que, então, me pareceu conveniente chamar de *Analítica do Sentido*. Nela desembocaram todas as especulações e reflexões que empreendi em relação ao pensamento de Heidegger, seguido, portanto, do de Arendt. E à *Analítica do Sentido* é que pertencem, portanto, e mais genuinamente (e não apenas à fenomenologia em geral), todas as indicações, esquematizações, elaborações, considerações que viemos desenvolvendo.

Sendo assim, e em resumo, a *Analítica do Sentido* não é uma articulação metodológica de aproximação e interpretação do real, que, como habitualmente se entende, apresenta-se como uma definição de procedimentos específicos, simultânea a um regramento da conduta do interrogador, uma formalização de instrumentais e equipamentos uniformes e indescartáveis.

O que compõe a *Analítica do Sentido* é mais uma orientação referente aos paradigmas que constituem o *olhar* que vê e a *manifestação* do buscado (dos modos e do movimento fenomênico do *aparecer* de tudo o que há; do movimento de *realização* do real, do movimento de *objetivação* desse real; e da estrutura do *cuidar*).

A *Analítica do Sentido*, com isto, no desenvolvimento de sua interrogação do real, tem a prévia compreensão de que faz parte do real interrogado aquele mesmo que interroga.

Portanto, a *Analítica do Sentido* priorizaria a orientação do *olhar* do interrogador mesmo, isto é, uma reformulação de sua postura epistemológica.

O Caminho e o Panorama da Analítica do Sentido

O movimento peculiar da *Analítica do Sentido* pode ser assim indicado:
1) A *Analítica do Sentido* deve permitir a busca e a manifestação do sentido que ser *faz/tem* para os homens (individual e coletivamente) em seu ôntico, concreto e histórico serno-mundo-lidando-com-as-coisas-e-falando-com-os-outros.

2) Este *sentido de ser* não é um sinônimo de *significado*; embora precise ser expresso através da linguagem para poder aparecer. Ele é mais um *rumo* que apela, uma solicitação que se faz ouvir, um *apelo* obstinado que se insinua e persegue. Um *fundo* silencioso que abre a possibilidade da realização de nosso ser. Ou, em outras palavras, uma destinação em que se abre a possibilidade de se *cuidar de ser*, dando-se conta de ser numa certa direção e não em outra, por exemplo.

3) Cuidando de ser, os homens vão realizando e objetivando o(s) sentido(s) de existir/ser; vão interagindo uns com os outros e, com isso, vão tecendo a *trama do mundo* mesmo através do qual são *quem* eles são (plural e singularmente). A partir desta trama, tudo o que é pode efetivamente aparecer, porque é ela (e cada homem em sua singularidade) que permite que se desvele, revele, testemunhe, veracize e autentique isso mesmo que aparece.

4) A trama do mundo tem uma tripla e inseparável tessitura:
– *a arquitetura e o artefato da terra*, do planeta e de todos os seus objetos, aparentes através e na forma de/dos ambientes;
– os *feitos, gestos* e discursos dos indivíduos singulares em seus tratos do mundo mesmo e dos negócios que, nesse mundo, tratam em comum;
– a *assuntagem* do mundo mesmo e do seu próprio fazer,

de seus objetos, ambientes e ambientação, de seus habitantes, produtores e construtores. Observação: a *assuntagem* do existir, ou o falar dele, pela importância primordial que a linguagem tem no aparecer dos entes, é elemento de especial prioridade para o olhar da *Analítica do Sentido*.

5) O que, então, aparece na trama e como trama do mundo é o *real objetivado* pelo cuidar de ser que se efetiva através do Labor, do Trabalho e da Ação. Além disso, o real objetivado conserva e comunica o sentido de ser, sendo ele mesmo signo desse sentido.

6) O movimento de realização do real, através do cuidar de ser, engendra-se numa inesgotável circularidade em que tudo, necessária e simultaneamente, desrealiza-se.

7) Nessa circularidade de realização e desrealização vai se construindo a História humana, em que vão permanecendo, registrados, os sentidos que ser vai fazendo. Vão permanecendo, mesmo que como meras referências de sentidos já sidos os projetados possíveis.

8) A História construída (imprevisível e ilimitada), sobre a base da produção do mundo ambiental, forja-se através do que Arendt chama de *teia das relações humanas*. Um lugar privilegiado para a conservação do sentido de ser, porque ela manifesta a interação dos indivíduos que, uns com os outros, uns contra os outros, uns apesar dos outros, uns independentemente dos outros... vão, coexistencialmente, dando conta de ser os homens plurais e singulares que são.

9) A *Analítica do Sentido*, na tentativa de tornar visível o sentido que ser faz através do ôntico, expresso e histórico ser-no-mundo dos homens, cuidando de ser (individual e coletivamente), volta sua atenção prioritariamente para:

– *aquilo de que se cuida* (o que se aproxima e distancia para os cuidados);

– *o modo em que se cuida* dele (hábitos, formas culturais, sociais, peculiares, individuais, operacionais etc.);

– *o modo como se cuida desse cuidar*.

10) Aquilo de que se cuida (ou não se cuida) e os modos

de cuidar não ocorrem aleatoriamente mas são procedentes de uma escolha que os indivíduos fazem (isolada ou conjuntamente) na cotidianidade de seu ser-no-mundo.

11) Estas *escolhas* não são produtos da mera ponderação do pensamento. Delas, em sua grande maioria, os indivíduos têm consciência no modo do velamento.

12) No caso, em especial, das escolhas relativas aos modos de cuidar dos modos de cuidar, a *Analítica do Sentido* deve prestar atenção aos *estados de ânimo* – a base fundamental de nossas escolhas, que indicam como se "vai indo" no mundo (em relação às coisas do mundo, a si mesmo, aos outros), que nos abrem para o que tendemos, para o que nos voltamos nos modos da *versão e da aversão*.

13) Aquilo de que se cuida e os modos de cuidar estão concretizados, objetivados nas montagens do mundo (ambientes, cenários, organizações, sistemáticas, estruturas burocráticas...) e nas falas a respeito do mundo, de sua produção.

14) Aí, nessas montagens objetivadas do mundo e das falas, o sentido que ser faz, através do cuidar de ser (ainda que silencioso, atuando como um apelo, um rumo, um destino), está submisso ao movimento de fenomenização, porque ele mesmo só pode aparecer como fenômeno, fenomenicamente; está, também, submisso ao movimento de realização, porque ele mesmo só pode ser real quando realizado; e está submisso ao movimento de objetivação, porque ele mesmo só pode aparecer através da objetividade do mundo e da singularização dos indivíduos.

15) Assim, nessa complexidade do *aparecer*, o sentido de ser é descoberto pelo *olhar* do interrogador, daquele que se lança na direção da compreensão de algo.

O Olhar que Interroga

É importante chamar a atenção para algo que deixamos, propositadamente, para o fim, e que diz respeito ao interrogador mesmo, aquele que vai, por intenção, lançar-se no conhecimento de algo.

Este cuidar de ser, ou este dar conta de ser, que é o fenômeno de fundamento para o qual a *Analítica do Sentido* deve voltar sua preocupação, não é algo que é levado adiante apenas pelos *outros* para quem o interrogador dirige seu *olhar*. Nem mesmo as coisas que quer compreender em sua significação existencial estão diante dele como coisas lá, em si mesmas.

O interrogador faz parte do que ele *quer saber e do que ele pode ver*. Ele é elemento constituinte desse *olhar* em que tudo o que é tem sua chance de aparecer, mesmo que como mera testemunha.

O interrogador do real deve dispor a si mesmo como alguém a quem também deve voltar sua interrogação. Esse mesmo real que ele quer conhecer só chega a ser, inclusive, pelo seu *olhar*.

Este olhar do interrogador ou interrogador, por sua vez, é jamais um olhar dele mesmo, isolado, mas um olhar plural do qual fazem parte todos aqueles com quem ele mesmo é no-mundo. Mas é também um olhar exclusivo, no qual se expõe toda sua singularidade. Esse olhar do interrogador também deve ser interrogado fenomenologicamente, em busca de seu sentido.

Aquilo mesmo pelo que a *Analítica do Sentido* deve perguntar ao real, que quer compreender (as escolhas, os modos de cuidar do escolhido e os modos de cuidar dos modos de cuidar envolvidos, em acontecimento), também permanece, durante todo o tempo da investigação, sendo a interrogação básica que o interrogador deve fazer a si mesmo no cuidar de sua investigação.

O que se manifesta através do investigador acaba sendo aquilo mesmo em busca de que ele se põe a caminho. Através de si mesmo, o que ele vem a saber se autentica.

Ao se pôr em busca do *sentido de ser*, através do que quer que seja que se queira compreender, a *Analítica do Sentido* põe em andamento o que ela mesma tem que compreender.

Portanto, ela mesma empreende os três movimentos que neste trabalho estivemos considerando: o movimento fenomênico do aparecer, o movimento de realização do real e o movimento de objetivação desse mesmo real. Assim, transcorre numa dinâmica circular.

Ainda porque o próprio investigador, enquanto interroga o real, está dando conta de ser, dando conta, inclusive, de ser ele mesmo (própria ou impropriamente).

Porque o interrogador faz parte daquilo que é interrogado e porque o que é em manifestação se manifesta de diversas maneiras, tudo o que toca o interrogador, o que aparece a ele, mesmo que sejam lembranças, sensações, e que *pareça ser irrelevante* deve ser levado em conta. Através de qualquer coisa, do que quer que seja, o sentido procurado pode se revelar.

Onde o "visto" se conserva

Porque o sentido se revela de diversas maneiras, não há nenhuma forma de registro, nenhum questionário, nenhum instrumental que garanta nem a conquista nem a patência do sentido descoberto.

Todo registro é um mero índice, uma mera conservação de um som, de uma entonação, de uma imagem que apenas provoca a atenção e a memória do interrogador.

Tudo vale: visitas, gravações, entrevistas, vídeos, fotos, escritura de memórias, desenhos... Só o que não vale é acreditar que o apanhado pelo instrumento de registro, por si, revele a totalidade do buscado, nem mesmo que ele se transforme no próprio buscado, isto é, que tome seu lugar. Pode ser que ali se inscreva uma faceta do real, mas essa mesma faceta pode ser um *parecer ser*, ou uma *aparência* do real, ou só sua *mera aparência*.

É preciso não ceder à tentação de aprisionar o sentido de ser buscado nas diversas formas de seu registro e não tornar o cuidar do registro algo mais importante do que ir em busca do que há para ser registrado. O registro é um lembrete, um sinal, uma referência. Todo registro ajuda, mas não preserva do esquecimento nem do ocultamento. Utilizados, eles devem ser mantidos em sua precariedade e provisoriedade.

O interrogador deve sempre se lembrar de que, contrariamente à orientação metafísica (científica), ele não está atrás da construção de representações, embora seja também no registro das palavras, fotos... que ele vá expressar o que pode compreender.

Há um limite, uma clareira em que o interrogador e o que ele busca compreender podem aparecer. Um limite imposto pela própria perspectivação do olhar, pela ambiguidade da manifestação e pela relatividade da verdade.

Limite também imposto pelo tempo do mostrar-se daquilo que se quer compreender. A interpretação do real não é uma façanha lógico-conceitual, mas uma possibilidade de compreensão. Tudo o que se sabe e se vem a saber depende do tempo da manifestação e do ocultamento. Tudo o que se sabe e o que se vem a saber inclui o que não se sabe e não se vem a saber.

É necessário também atentar para o fato de que o que o registro não consegue, nem conseguirá jamais conter, é a exibição do próprio sentido de ser. Até porque, em todo o movimento de interrogar pelo sentido, o olhar encontra o sentido exatamente onde ele não se mostra nele mesmo.

Isto quer dizer:

– em primeiro lugar, que as montagens do mundo e as falas nas quais o sentido de ser se faz ver nunca são o sentido mesmo, mas corpos de aparência desse sentido. Em sua articulação no mundo em que se exibem é que tais corpos de aparência liberam o(s) sentido(s) de ser. O sentido não aparece por si mesmo, não tem esse poder, mas precisa de muitas e muitas *aparências* para poder manifestar-se.

As montagens do mundo são apenas as montagens do mundo, e as falas são apenas falas que, como tudo o que é, mostram e escondem. As montagens do mundo e as falas que os registros retêm não guardam, nelas mesmas, aquilo que elas mostram e escondem. E no jogo do ser no mundo que estes registros podem ganhar algum sentido e significado;

– em segundo lugar, porque, se as montagens do mundo e as falas são corpos de aparência do sentido, e como esses corpos de aparência, mostrando, escondem o sentido, só podem ser apanhados, iluminados naquilo que mostram, e descobertos, eles mesmos, no ocultamento que produzem. Como por exemplo, um beijo mostra o amor de alguém. Mas só no átimo, no instante, pois não abarca nele mesmo o modo mesmo desse amor. Ou seja, o beijo só pode mostrar sua modalização no tempo. É no tempo que esse beijo pode ser o de um Judas, ou a parte mais estranha de uma intimidade, ou um amor de mentira, ou um equívoco, ou um amor que jamais se realiza em qualquer gesto nem na foto que lhe dá permanência. Dessa forma, ao mesmo tempo que a bandeira mostra a pátria, ela esconde a pátria em suas outras dimensões, como a da lei ou do território.

Todas as *aparências* são véus, são cortinados que precisam, duplamente: ser identificadas no que elas mostram e reconhecidas como os limites do aparecer mesmo, seu empecilho, sua desfiguração, sua proteção.

Por isso mesmo o olhar fenomenológico só empreende *desvelamento*. Desvelamentos cuja paragem é o inaudito, que exige daquele que olha a coragem da aventura. Essa é a dinâmica primordial da *Analítica do Sentido*.

BIBLIOGRAFIA CITADA

DESCARTES, R. (1973). *Meditações*. Trad. J. Ginsburg e Bento Prado Jr. São Paulo, Difel.
HEIDEGGER, M. (1927). *El ser y el tiempo*. 5a ed-, Trad. José Gaos. México, Fondo de Cultura Econômica, 1974.
____ (1949). *Cartas sobre o humanismo*. Trad., intr. e notas de E. Carneiro Leão. Rio de Janeiro, Tempo Brasileiro, 1967.
____ (1957a). A época da imagem do mundo. In: ____. *Sendas perdidas*. Trad. José Rovina Armengol. Buenos Aires, Losada, 1960.
____ (1957b). A origem da obra de arte. In: ____. Op. cit
____ (1961). *Nietzsche*. Trad. Pierre Klossowsky. Paris, Gailimard, 1971.
____ (1966). *O fim da filosofia* e a tarefa do pensamento. In: ____. O fim da filosofia ou a questão do pensamento. Trad. Ernildo Stein. São Paulo, Duas Cidades, 1972.
ARENDT, H. (1981). *A condição humana*. Trad. Roberto Raposo; intr. Celso Lafer. São Paulo, Salamandra-Edusp; Rio de Janeiro, Forense. Cap. IV.
____ (1993). A vida do espírito. Trad. Antonio Abranches e outros, Rio de Janeiro, Relume Dumará.

_____ (1993a) Compreensão e política, in A dignidade da política, trad. Antonio Abranches e outros, Rio de Janeiro, Relume Dumará.
_____ (1993b). O que é filosofia da Existenz? In *Op. cit.*
CRITELLI, D. M. (1984). Ontologia do cotidiano ou resgate do ser:poética heideggeriana. In: DICHTCHKENIAN, M. F. S. F. B. e MARTINS, J. (orgs.). *Temas fundamentais de fenomenologia*. São Paulo, Moraes.
_____ (1992). Sedução. In: BEIRÃO, M. F. S. F. e CASTRO, E. O. de (orgs.). Vida, morte e destino. São Paulo, Comp. Ilimitada, Centro de Estudos Fenomenológicos de São Paulo.
FOUCAULT, M. (1975). *Doença mental e psicologia*. Trad. Lilian Rose Shalders. Rio de Janeiro, Tempo Brasileiro.

SOBRE A AUTORA

Nasceu em 1951, na cidade de São Paulo, capital do estado, onde mora. Formou-se em Filosofia na PUC-SP. Na mesma Instituição titulou-se mestre em Filosofia da Educação e doutora em Psicologia da Educação. É também na PUC-SP que leciona desde 1978, hoje como professora titular do Programa de Estudos Pós-Graduados em Filosofia.

Sua aproximação com o pensamento heideggeriano deu-se em 1975, quando entrou em contato com a atual Associação Brasileira de Daseinsanalyse. E foi pelo modo como ali Heidegger era interpretado que recebeu a influência básica de sua formação.

Em 1980, juntamente com Maria Fernanda Beirão e outros professores, fundou o Centro de Estudos Fenomenológicos de São Paulo.

Dulce Mára vê a filosofia não como um fim em si mesma, mas como uma habilidade ímpar, como uma ferramenta que lhe permite compreender aquilo que de fato mais a intriga: a existência, sua enigmaticidade e suas ilimitadas questões.

Isso explica por que a maioria de seus textos tem como

temática principal a educação, a política, a cultura, aspectos da condição humana. Explica, também, que sua atividade profissional não se restrinja ao trabalho acadêmico e se expanda para as áreas de pesquisa social e de aconselhamento.

PUBLICAÇÕES

Educação e dominação Cultural – tentativa de reflexão ontológica, Cortez/Autores Associados, São Paulo, 1980.

Todos nós... ninguém, um enfoque fenomenológico do social, Ed. Moraes, São Paulo, 1981. Trad. e comentários de Dulce Mára Critelli; apresentação e introdução de doutor Sólon Spanoudis.

"Ontologia do Cotidiano ou Resgate do Ser: Poética Heideggeria-na" in *Temas fundamentais de fenomenologia*, Ed. Moraes, São Paulo, 1984. Centro de Estudos Fenomenológicos de São Paulo, Maria Fernanda S. F. B. Dichtchkenian e Joel Martins (orgs.).

"O Desenraizamento da Existência", in *Vida e morte*, Comp. Ilimitada, São Paulo, 1986. Maria Fernanda S. F. Beirão (org.).

"Da Estética como Filosofia", in *Um passado revisitado – 80 anos do curso de Filosofia da PUC-SP*, Educ, São Paulo, 1992. Salma T. Muchail (org.).

"Sedução", in *Vida, morte e destino,* Comp. Ilimitada, São Paulo, 1992. Centro de Estudos Fenomenológicos de São Paulo, Maria Fernanda S. F. Beirão (org.).

"Hannah Arendt: a vida ativa e a ação. Ontologia da política", in *Teorias da ação em debate,* Cortez/Fapesp, São Paulo, 1993. Maria do Carmo Brant de Carvalho (org.).

"A Contemporânea Inospitalidade do Humano", in *O uno e o múltiplo nas relações entre as áreas do saber.* Cortez/Educ, São Paulo, 1995. Maria Lúcia Rodrigues (org.) e outras.

"O Falar da Linguagem", in *O falar da linguagem*, Lovise, São Paulo, 1996, série Linguagem, Sérgio Lopes Oliveira (org.) e outros.

"Fenomenologia e Educação" in *Actas do I Congresso Luso-Brasileiro de Filosofia,* Braga, Port., 1982.

"*Índices para um reconhecimento do Método Fenomenológico*" in *O Ensino da Filosofia no 2º Grau,* SEAF/Ed. Sofia, SP, 1986, org. Henrique Nielsen Neto.

"*A Divina Cilada*" in Almanaque Zero, USP-NEPAIDS, SP, 1997, Org. Belkis Trench.

"*Da Solidariedade: uma abordagem filosófico-existencial*" in *Revista Kairós (Gerontologia),* ano 3 – nº 3, Educ, SP, 2000.

"*Martin Heidegger e a essência da técnica*" in *Revista Margem,* PUC/SP, São Paulo, n.16, 2002.